Hermann Bloch

Forschungen zur Politik Kaiser Heinrichs VI. in den Jahren 1191-1194

Hermann Bloch

Forschungen zur Politik Kaiser Heinrichs VI. in den Jahren 1191-1194

ISBN/EAN: 9783743616493

Hergestellt in Europa, USA, Kanada, Australien, Japan

Cover: Foto ©Suzi / pixelio.de

Weitere Bücher finden Sie auf **www.hansebooks.com**

Forschungen

zur

Politik Kaiser Heinrichs VI.

in den Jahren

1191—1194.

Von

Dr. Hermann Bloch.

Berlin 1892.

B. BEHR'S VERLAG (E. BOCK)

Regenten-Strasse 14.

Meinen geliebten Eltern

zum

29. Oktober 1891.

Inhalt.

                                                                 Seite

Einleitung 1

I. Die italienische Politik Heinrichs VI. 5

    Heinrich kämpft gegen Tankred. S. 6. — Papst Coelestin ist sein Gegner. S. 7. — Heinrich verband sich mit beiden Städteparteien der Lombardei. S. 9. — Er will den Frieden in Oberitalien. S. 17.

II. Heinrich VI. in Deutschland. Sein Verhalten gegen die deutsche Geistlichkeit und gegen die Welfen . . 18

    Heinrich entschied die Lütticher Wahl in Übereinstimmung mit den Bischöfen. S. 20. — Seine Schuld an der Ermordung Alberts von Brabant ist ungewiss. S. 23. — Er wollte im Frühjahr 1192 den von den Welfen angebotenen Frieden schliessen. S. 25. — Die sächsischen Fürsten zwangen ihn zum Kriege. S. 29.

III. Die Fürstenempörung. 32

    In Sachsen hat eine Empörung im Herbst 1192 nicht stattgefunden. S. 33. — Sie ging von den niederrheinischen Fürsten aus. S. 47. — Die Verbindung der niederrheinischen Fürsten mit den Welfen ist das Charakteristische der Bewegung. S. 50.

IV. Heinrich VI. und Richard Löwenherz 54

    Richards Bund mit Tankred war gegen Heinrich VI. gerichtet. S. 55. — Zu Würzburg verlangte der Kaiser die Lehnsunterthänigkeit Richards und seine Heerfolge gegen Tankred. S. 59. — Zu Speier willigte Richard in eine Unterstützung gegen Tankred. S. 61. — Die Verhandlungen zu Hagenau. S. 62. — Heinrich wollte auf die Vorschläge Philipp Augusts nicht eingehen. S. 68.

Im Vertrage von Worms versprach Richard, Heinrich den Löwen zur Heerfahrt nach Sizilien zu bestimmen. S. 65. — Durch die Schenkung des Arelats will der Kaiser Richard zu seinem Lehnsmanne machen. S. 73. Heinrich muss mit den Welfen Frieden schliessen. S. 74. — Richard wird im Februar 1194 mit England belehnt. S. 76.
Schlussbetrachtung 79

Beilagen.

1. Zur Chronologie der Ereignisse in Niedersachsen 85
2. Über die Datierung von Jaffé-Löwenfeld 16938, 16938a, 16938β 88
3. Über die Teilnahme der sächsischen Fürsten an der Empörung des Jahres 1193 97
4. Die Belehnung Richards mit England 100

Vorbemerkung.

J.L. = Jaffé, regesta pontificum Romanorum. Ed. 2. cur. S. Loewenfeld, F. Kaltenbrunner, P. Ewald.

SS. = Abteilung Scriptores der Monumenta Germaniae historica.

St. = Stumpf, Die Reichskanzler, vornehmlich des X., XI. und XII. Jahrhunderts. Band 2. Innsbruck 1865 ff.

Die englischen Schriftsteller sind citiert nach den Ausgaben in der Sammlung der Rerum britannicarum medii aevi scriptores, auch als Rolls Series bezeichnet.

Die Gesta Henrici II. et Ricardi sind aus praktischen Gründen als Benedictus Peterb. citiert worden, obwohl dem Verfasser bekannt ist, dass sie nicht von dem Abt von Peterborough geschrieben sind.

Seit im Jahre 1824 Fr. von Raumer seine „Geschichte der Hohenstaufen" erscheinen liess, ist eine in sich geschlossene Darstellung dieser Zeit noch nicht wieder gegeben worden. Den Fortschritten der Geschichtswissenschaft in methodischer Forschung und Erkenntnis ist ein Umschwung in der Auffassung des Mittelalters gefolgt, der bisher für die Epoche der stauflschen Kaiser nicht verwertet worden ist. Das Interregnum erscheint nicht mehr als die Ursache des Niederganges der Kaisermacht, sondern selbst als die notwendige Folge einer mehr als hundertjährigen Entwickelung. Man hat andererseits die Fülle blühenden Lebens sehen und schätzen gelernt, welches im deutschen Reich während des 14. und 15. Jahrhunderts sich entfaltete.

Damit ist die Aufgabe, welche eine Geschichte der Hohenstaufen erfüllen muss, eine weitere geworden. Sie hat nicht nur die Auflösung der kaiserlichen Centralgewalt zu erklären, sie muss auch die Erstarkung der lebensfähigen Einzelkörper schildern — und zeigen, wie die eine durch die andere bedingt worden ist. Es würde dafür zunächst eine vergleichende Betrachtung der verschiedenen Herrscher notwendig sein, um festzustellen, wohin die staufische Politik zielte, was denn die Staufer wollten. Ferner würde die zusammenhängende Darstellung der inneren Kämpfe, die ihre Herrschaft erschütterten, den immer steigenden Gegensatz zwischen dem Reich und seinen Gliedern zum sichtbarsten Ausdruck bringen, seine Ursachen klarlegen und dadurch die Frage beantworten, weshalb die Staufer in ihren Bestrebungen scheiterten, vielleicht darin scheitern mussten.

Unter diesen inneren Wirren sind die Thronstreitigkeiten nach dem Tode Heinrichs VI. unzweifelhaft die bedeutendsten; man darf sie geradezu als ein Seitenstück zu dem Interregnum betrachten. Allein sie müssen auf der Grundlage der Politik Heinrichs VI. verstanden werden, über welche die Ansichten weit auseinandergehen.

Toeche[1]) feiert Heinrich VI. in einem farbenreichen Bilde als den Herrscher, welcher im Bewusstsein seiner Macht auf ein Weltreich sinnend und dessen Verwirklichung planvoll erstrebend, in sich „die Ideale des deutschen Mittelalters am klarsten ausprägte". Winkelmann dagegen[2]) hielt eben die Ansprüche des Kaisertums auf Weltherrschaft, die unter Heinrich VI. am schärfsten auftraten, für überspannte Träume des jungen Fürsten, der in masslosem Begehren seine Mittel überschätzte und über phantastischen Hirngespinnsten seine Herrscheraufgaben vergass. Toeche sah den Glanz der Stellung, welche der Kaiser begründen wollte, Winkelmann das Elend des Bürgerkrieges, der nach seinem Tode das Land verwüstete. Beide gehen in ihrem Urteil über die Persönlichkeit Heinrichs VI. auseinander, weil sie verschieden dachten von jenen Entwürfen zur Umwandlung der deutschen Verfassung, zur Durchführung der kaiserlichen Oberlehnsherrschaft, die — man mag sie mit dem Einen bewundern, mit dem Andern verwerfen — doch für immer dem Kaiser seine eigentümliche Stelle in der allgemeinen Geschichte gegeben haben.

Unabhängig von diesen muss man daher, um Heinrich VI. gerecht zu werden, eine Anschauung von seinem Wollen und Können zu erhalten suchen. Dazu sind die Jahre vor der Eroberung des Normannenreiches im Herbst 1194, mit der erst die Zeit der fast unbeschränkten Macht und der gewaltigen Pläne begann, um so geeigneter, als der Kaiser im Beginn

---

[1]) Toeche, Kaiser Heinrich VI. Leipzig 1867.
[2]) Winkelmann, König Philipp von Schwaben. Leipzig 1873. Einleitung.

seiner selbständigen Regierung bei dem Versuche, das Erbe seiner Gemahlin Constanze einzunehmen, im Sommer 1191 vor Neapel die einzige Niederlage seines Lebens erlitt. Wie er diese durch sein Vorgehen in Italien und in Deutschland wettzumachen suchte, wie er die Hindernisse, die ihm in Deutschland aus dem Kampfe gegen die Welfen und aus der Fürstenempörung erwuchsen, zu überwinden trachtete, in welcher Weise er sich die Gefangennahme König Richards von England nutzbar machte — das alles wird über die politischen Fähigkeiten des Kaisers wohl ein Urteil ermöglichen, auf dem sich die Geschichte seiner späteren Regierung aufbauen kann.

Die Forschungen zur Politik Kaiser Heinrichs VI. möchten daher als bescheidene Bausteine für die eingangs angedeutete umfassende Aufgabe angesehen werden. Wenn man nur zu oft merkt, dass sie mühsam zusammengetragen wurden, so möge man bedenken, dass ihnen durch ein dichtes Gestrüpp unrichtiger Vorstellungen der Weg gebahnt werden musste.

Toeche nämlich hat die Bedeutung der ersten Regierungsjahre des Kaisers für das Verständnis seiner Persönlichkeit durchaus nicht erkannt. Ihm zufolge hatte Heinrich VI., nach seinem Rückzug aus Apulien, in Italien mit der Niederwerfung Mailands, in Deutschland mit der Vernichtung des welfischen Hauses Aufgaben ins Auge gefasst, denen er in keiner Weise gewachsen war; sein unkluges Verhalten beschwor in Deutschland Gefahren herauf, gegen die ihn nur ein günstiger Zufall, die Gefangennahme König Richards, schützte, und dessen bediente er sich ohne Mass, über die Forderungen der Politik hinaus, um seine Geldgier zu sättigen; von der schmählichsten Handlungsweise, der Auslieferung seines Gefangenen an Frankreich, sollen die deutschen Fürsten den Kaiser nur mit Mühe zurückgehalten haben. Trotzdem spricht Toeche in seiner Charakteristik Heinrichs von der weitsichtigen, planmässigen Politik desselben, von seinem diplomatischen Geschick, von der bewundernswerten Energie in der Ausführung seiner Entwürfe und gerät so in Widerspruch mit den Ergebnissen seiner eigenen Forschung. Diese würden vielmehr das scharfe Urteil begründen, welches Winkelmann[1]) über den Kaiser fällt. Dass Toeche ihn mit Recht als einen grosssen Staatsmann bezeichnet, dass der Kaiser fähig war, die grossen Ideen durchzuführen, die, seiner Zeit eigentümlich, in ihm ihren stärksten Ausdruck fanden, — das soll, gegen Toeche selbst, aus Heinrichs VI. Politik in der Zeit zwischen den beiden italienischen Zügen der Jahre 1191 und 1194 gezeigt werden.

Erscheint daher die Gesamtheit der Ereignisse in anderem Lichte, so konnte ich doch in zahlreichen Einzelheiten Toeche durchaus folgen. Vor allem giebt er die Quellen fast vollständig, so dass ich wohl dem undankbaren Schüler gleiche, welcher die Waffen, die ihm der Meister in die Hand gegeben, gegen diesen kehrt.

Neben dem grundlegenden Werke Toeches kommt für den ganzen Umfang der Untersuchungen nur die Arbeit von Schwartz[2]) in Betracht, der sich in den Grundzügen aufs engste an Toeche anschliesst. Der Wert einzelner, sehr beachtenswerter Verbesserungen wird durch die schiefe Gesamtauffassung und ungeschickte, selbst geschmacklose Darstellung beeinträchtigt.

Am Schlusse dieser einleitenden Bemerkungen sei es mir gestattet, meinem hochverehrten Lehrer, Herrn Professor Scheffer-Boichorst, für die Güte zu danken, mit der er mir jederzeit zur Seite stand.

---

[1]) Winkelmann 25: Nur eine Reihe von ihm unabhängiger, unberechenbarer Glücksfälle hat ihn so weit gefördert, als er bei seinem Tode gelangt war, er selbst aber durch Unzuverlässigkeit, Ungeduld, Leidenschaft und Gewaltsamkeit mehr als einmal das Gewonnene wieder gefährdet.

[2]) P. Schwartz, Die Fürstenempörung von 1192 und 1193. Rost. Diss. Berlin 1879.

I.
Die italienische Politik Heinrichs VI.

Am 24. August 1191 hob Heinrich VI. die Belagerung von Neapel auf[1]). Der Versuch, das Königreich Sicilien mit Waffengewalt zu erobern, war an den festen Mauern der Stadt gescheitert; den tapferen Verteidigern hatten die von der Julihitze erzeugten Fieber als mächtige Bundesgenossen zur Seite gestanden. Das deutsche Heer war völlig aufgerieben; der Kaiser wurde, schwer erkrankt, in das Kloster Monte Cassino gebracht. Dort erhielt er die Nachricht, dass seine Gemahlin durch die Treulosigkeit der Salernitaner in die Gewalt seines Gegners, des Königs Taucred von Sicilien, gefallen sei.[2])

Wenige Wochen vorher war der junge Heinrich von Braunschweig, der Sohn Heinrichs des Löwen, aus dem kaiserlichen Heerlager vor Neapel zu den Normannen übergegangen

---

[1]) Nach der cronica di Sesto (Meo, annali di Napoli XI, 46) zog der Kaiser am Bartholomäustage, also dem 24. August, von Neapel ab. Dagegen berichtet die chronica Romanorum pontificum et imperatorum ac de rebus in Apulia gestis auctoris ignoti monachi Cisterciensis (ed. Gaudenzi ex cod. saec. XV. ineuntis in den Monumenti storici. Serie prima. Cronache. Napoli 1888, p. 82), dass Heinrich usque in nonas septembris vor Neapel blieb. Vielleicht liegt hier eine Verstümmelung vor aus: usque in nonum kal. septembris.

[2]) Ann. Ceccanenses (SS. XIX, 289); ann. Casin. (SS. XIX, 315); Petri de Ebulo liber ad honorem Augusti I, v. 667 ff. (ed. Winkelmann 1874); cont. Weingart. (SS. XXI, 478).

und mit ihrer Hülfe nach Deutschland entflohen[1]). Sein Verrat musste die Befürchtung erwecken, dass Heinrich der Löwe den günstigen Augenblick benutzen würde, um den Frieden zu brechen, welchen er im Juli 1190 zu Fulda mit dem Kaiser geschlossen hatte. Nach der Niederlage in Italien drohte der Aufstand in Deutschland.

Trotz dieser ungewissen, überall gefährdeten Stellung, trotz der Vernichtung seiner. Truppen blieb Heinrich VI. ungebeugt, festen Willens, auf die Eroberung Siciliens nicht zu verzichten, wenn er auch selbst zunächst Italien verlassen musste. Als die Gesandten der Genuesen, deren Flotte dem Kaiser zu spät Hülfe zuführte, sich in San Germano bei ihm einfanden und Verhaltungsmassregeln erbaten, hiess Heinrich ihre Schiffe zurückkehren; er werde nach Genua kommen, das Bündnis zu erneuern und über einen zweiten Zug gegen das Königreich Sicilien zu verhandeln.[2])

Im September 1191 verliess er Apulien; aber Konrad von Lützelhard, Markgraf Diephold und Konrad von Marlei blieben dort, um das Land gegen das Vordringen Tancreds zu schützen.[3])

Der Entschluss, das Königreich nicht aufzugeben, war um so schwerwiegender, als Heinrich VI. sich nicht verhehlen konnte, dass der Krieg gegen die Normannen zugleich den Kampf gegen die Kurie bedeute, welche seit den Zeiten Gregors VII. in dem normannischen Unteritalien ihren kräftigsten Rückhalt gegen die Kaiser fand. Im eigensten Interesse der Päpste lag es, eine Vereinigung Siciliens mit dem Kaiserreiche zu verhindern. Papst Clemens III. stimmte daher nach dem Tode des kinderlosen Königs Wilhelm II. der von einer nationalen normannischen Partei vollzogenen Erhebung des

---

[1]) Cohn, de rebus inter Henricum VI. et Henricum Leonem actis p. 61 (Breslau 1866). — L. v. Heinemann, Heinrich von Braunschweig, Pfalzgraf bei Rhein S. 25ff. (Gotha 1882.)
[2]) Otoboni ann. (SS. XVIII, 106.)
[3]) Ann. Casin. 315; ann. Ceccan. 289; Ryccardus de S. Germano (SS. XIX, 326).

Grafen Tancred von Lecce zu,[1]) durch welche Konstanze, die Gemahlin Heinrichs VI., der nach Erbrecht die Krone zufallen musste, von der Herrschaft über Unteritalien ausgeschlossen werden sollte. Der Vertrag, den Richard Löwenherz im November 1190 mit Tancred einging, wurde dem Papste zur Bestätigung vorgelegt.[2]) Nach dem Tode Clemens III. hatten die Kardinäle durch die Hindernisse, die sie dem nach Rom eilenden König Heinrich in den Weg legten, ihre den Staufern feindliche Gesinnung bewiesen.[3]) Der von ihnen abhängige hochbetagte Coelestin III. versuchte nach der Krönung Heinrichs VI., natürlich vergeblich, ihn von dem Zuge nach Apulien zurückzuhalten.[4]) Am 5. August 1191 erteilte er Heinrich dem Löwen ein Privileg, laut welchem derselbe nur durch den Papst oder dessen Legaten gebannt werden dürfe.[5]) Gegen Ende des Jahres wurde das Kloster Monte Cassino mit dem Interdikt belegt, weil es,

---

[1]) Hist. pontif. Romanorum (Pez, thesaurus I. 3, 804): Clemens, obeunte Wilhelmo rege Siculo et deficiente in eo legitimo herede, Palermitano archiepiscopo mandavit inungere et consecrare quendam Tancredum, invasorem eiusdem regiae dignitatis, nescio, utrum in odium romanae maiestatis ... an in spe recuperandae Apuliae, quam diu asseverabant dotem Romanae ecclesiae ... Opportunitatem siquidem se invenisse per eundem Tancredum Romani credebant, ut quam diu terram aspirarent, tunc facilius possent recuperare. Vgl. Toeche 144.
[2]) Benedictus Peterb. ed. Stubbs. II, 186.
[3]) Sigeb. cont. Aquic. (SS. VI, 427). Vgl. Toeche 181 ff.
[4]) Ann. Casin. 314; Rycc. de S. Germ. 326; Arnoldi chron. Slavorum (SS. XXI) lib. V, cap. 5; chron. Roman. pont. et imperat. (ed. Gaudenzi) p. 32.
[5]) Jaffé-Löwenf. n. 16786. Schwartz 88 Anm. 1 hat bewiesen, dass aus den Ann. Reinhardsbrunn. (ed. Wegele, Thüring. Geschichtsquellen I. 1854. p. 60) nicht auf den Besuch des jungen Heinrich in Rom geschlossen werden kann. Es ist danach nicht aufrecht zu erhalten, dass Heinrich von Braunschweig Neapel verliess, „um sich von Coelestin Beistand zu dem verwegenen Plane zu erbitten, vor den Fürsten daheim um die deutsche Krone zu werben" (so Toeche 199 und ähnlich L. v. Heinemann 26). Arn. chron. V, 5 meldet fälschlich Heinrichs Flucht von San Germano aus und kann daher seine Anwesenheit in Rom nicht durchaus sicher stellen.

treu zum Kaiser haltend, sich hartnäckig gegen die Truppen Tancreds verteidigte.¹)

Zum offenen Bruch zwischen der Kurie und dem Kaiser kam es erst im Sommer 1192. Heinrich VI. hatte das Anerbieten Coelestins, zwischen ihm und Tancred den Frieden zu vermitteln, mit den Worten zurückgewiesen: „Nur den Frieden gebe es für ihn, dass er das unrechtmässiger und verräterischer Weise besetzte Land in Frieden besitze; dazu möge ihm der Papst verhelfen." Zugleich teilte er ihm die Entsendung eines Heeres nach Apulien mit, dem er — das liess er durchblicken — selbst folgen wolle.²)

Nicht minder erfolglos blieb der Versuch des Papstes, den Kaiser durch Erwirken der Freilassung seiner Gemahlin versöhnlich zu stimmen. Auf dem Wege nach Rom, wohin Kardinäle die Kaiserin von Sicilien aus geleiten sollten, traf sie zu Ceperano den vom kaiserlichen Hofe aus Deutschland zurückkehrenden Abt Roffrid von Monte Cassino. Nach der

---

¹) Ann. Casin. 815.
²) Stumpf 4741. Gedr. Rouleaux de Cluny ed. Huillard-Bréholles (Notices et extraits des manuscrits de la bibliothèque impériale XXI, 2) n. IX p. 829: super quo et aliis cum nuncios nostros ad vestram praesentiam decrevimus dirigendos, si menti vestrae sederet, gratum nobis esset, ut ab Urbe usque Viterbium seu Urbemveterem vel ad alium locum circa partes illas velletis inclinare, ubi nuntii nostri Bertrannus Metensis episcopus et Henricus advocatus de Huneburg, quos incontinenti ad presentiam vestram destinamus, et Bertholdus de Kunsberg, quem consequenter et sine dilatione cum exercitu in Apuliam premittimus, de prepositis negotiis et aliis commodius quam in ipsa Urbe vestrae possint loqui industrie.

Toeche 313 spricht von der „unverzüglichen" Abordnung des Bischofs Bertram und des Vogts Heinrich an den Papst. „Ihnen voran sende er (d. h. der Kaiser) seinen Getreuen, Berthold von Künsberg, mit einem Heere gegen Apullien." Indessen geht aus den Worten des Kaisers hervor, dass die drei Genannten gemeinsam den Papst in Viterbo oder Orvieto treffen sollten. Berthold wird von dort nach Apulien vorausgesandt; „premittimus" deutet auf die Absicht des Kaisers, ihm zu folgen. Eine Bestätigung dafür findet sich in dem chron. Radulfi Nigri (ed. Antruster London 1851 p. 24): reversus igitur (scil. imperator) in terram suam, sequenti aestate iterum misit exercitum in Apuliam, ipse futura hieme secuturus eum.

Unterredung mit ihm weigerte sie sich, mit dem Papste zusammenzukommen und setzte, Rom vermeidend, ihren Weg über Tivoli und Spoleto fort.[1])
Der Kaiser wollte keine Verhandlungen mit dem Papste, der auf Seiten seiner Gegner in Deutschland und in Italien stand. Coelestin hatte die Wahl Alberts von Brabant zum Bischof von Lüttich bestätigt, die Heinrich VI. verworfen hatte;[2]) er hatte in der gleichen Zeit durch die Kardinäle Albinus, Bischof von Albano, und Gregor von der heiligen Maria zu Aquiro den Lehnseid Tancreds empfangen.[3])
Heinrich VI. erblickte in Coelestin seinen Gegner. Gegen ihn und gegen Tancred richtete sich seine Politik. Dadurch wurde sein Auftreten in der Lombardei bestimmt.

Der Nachweis dessen wird einen tiefen Gegensatz zu Toeche begründen,[4]) der davon ausgeht, dass Heinrich VI. die Macht Mailands in Oberitalien niederwerfen wollte, und dem Kaiser vorwirft, deshalb die Kriege entzündet zu haben, welche die lombardischen Städte in den Jahren 1191 bis 1194 gegen einander führten. Diese Auffassung entspricht nicht den Nachrichten über die Vorgänge in der Lombardei.

Nach dem Constanzer Frieden bewegte sich das Verhältnis des Reiches zu den lombardischen Communen in festen Formen.[5]) Die Begünstigung Mailands durch Friedrich I. hatte zum

---

[1]) Ann. Casin. 316; Roger de Hoveden (ed. Stubbs) III, 164. Sigeberti cont. Aquic. 429; Godefridi Viterb. gesta Henrici v. 85—92 (SS. XXII, 336). Ueber die Zeit der Zusammenkunft siehe Toeche 317, Anm. 1.
[2]) vita Alberti episcopi Leod. (SS. XXV, 145 ff). Sie gewährt einen überaus interessanten Einblick in die kaiserfeindliche Stimmung der Curie.
[3]) Rouleaux de Cluny, n. X p. 330.
[4]) Toeche 168. 204 ff. 312 ff. 324. Im Nachtrag (S. 742—744) kommt er auf Grund von inzwischen ihm bekannt gewordenen Urkunden zu einer der oben entwickelten näher stehenden Anschauung, dass nämlich Heinrich VI. es verstanden habe, Einfluss auf beide Parteien zu gewinnen. Doch konnte Toeche nicht mehr die Folgerungen für die Politik des Kaisers daraus ziehen.
[5]) Ficker, Forschungen zur Reichs- und Rechtsgeschichte Italiens § 299.

Kriege gegen Cremona geführt.¹) Seitdem waren die Beziehungen des Kaisers zu den Städten friedliche gewesen, während diese untereinander sich heftiger als je befehdeten. Als der gemeinsame Kampf für die Selbständigkeit und städtische Freiheit beendet war, traten die alten Gegensätze lokaler Interessen wieder ans Licht, die schon Friedrich I. auf seinem ersten italienischen Zuge in der Lombardei gefunden hatte.²) Um die beiden grossen Nebenbuhler Mailand und Cremona schlossen sich die Parteien.

Bereits am 7. September 1186 war Pavia mit Cremona einen Bund eingegangen, der gegen Mailand gerichtet war.³) Am 17. Juli 1190 verhandelte Cremona mit Bergamo über einen Krieg gegen die gemeinsame Feindin;⁴) es kam zu einem Bündnis, dem am 3. Mai 1191 Pavia,⁵) am 24. September Markgraf Bonifaz von Montferrat und sein Sohn Wilhelm beitraten.⁶) Der in dem letzten Vertrage vorgesehene Anschluss von Como und Lodi erfolgte am 7. Dezember zu Mailand, gerade als Heinrich VI. dort anwesend war.⁷) Dies und

---

¹) Toeche 44 ff. und für das Folgende S. 105.
²) Giesebrecht, Geschichte der deutschen Kaiserzeit. V. 142 ff. Vergl. damit, was Winkelmann (Forschungen z. Deutsch. Gesch. VII, 293) über das Verhältnis der Städte zu einander nach dem Tode Heinrichs VI. sagt.
³) Toeche 606.
⁴) Ronchetti, memorie della città di Bergamo. III, 195: Instrumentum procurae communis Bergami inter legatos Cremone pro prorogando termino potestati Cremone nomine comunis faciendi guerram cum Mediolanensibus usque ad Kalendas Augusti tunc proxime futuri rogat. De anno 1190 die 17 mensis iulii. Der Vertrag wird also nicht gegen Brescia (so Toeche 203), sondern gegen Mailand geschlossen.
⁵) Odorici, storie Bresciane VI, 69: salva fidelitate domini imperatoris.
⁶) Böhmer, acta imperii selecta 610: quod bona fide guerram dabunt et studebunt, quod haec societas accrescatur et gratiam et bonam voluntatem imperatoris habeat.
⁷) Toeche 614. Im Interesse des Kaisers wird hinzugefügt: quod nulla de predictis civitatibus debet facere pacem neque concordiam cum aliqua civitate vel loco vel persona, quae sit vel veniat contra imperatorem.
Der auf das Bündnis mit Montferrat bezügliche Satz ist zu lesen: .. teneatur guerram facere. Et concordiam domini Bonefacii

die ausdrücklichen Bestimmungen der Vertragsurkunden lassen an der kaiserfreundlichen Gesinnung der Bundesglieder keinen Zweifel; dem Kaiser aber die Initiative zu ihrem Vorgehen zuzuschreiben, wie es von Toeche geschieht, ist schon deswegen nicht möglich, weil die Anfänge des Bundes in eine Zeit zurückreichen, in welcher die Staufer auf Seiten Mailands gegen Cremona standen.[1)]

Ansprüche, welche Brescia und Bergamo auf Orte im Val Camonica erhoben, hatten im Sommer 1191 den Krieg zwischen beiden veranlasst;[2)] nicht Heinrich VI. rief ihn hervor. Als dieser im Herbst 1191 aus Apulien zurückkehrte, verordnete er vielmehr Frieden in der Lombardei und setzte Hofrichter ein, welche die Streitigkeiten schlichten sollten.[3)]

Er begünstigte nicht ausschliesslich eine der Parteien, sondern er gab Privilegien an beide und nahm Geld von beiden. Sie waren in den Kampf schon wesentlich in der Gestalt eingetreten, die im Laufe des Jahres durch das Bündnis gegen Mailand zur dauernden wurde. Zu Brescia hielten Mailand und Piacenza;[4)] Bergamo wurde unterstützt von Cremona, Pavia, Como, Lodi, Parma.[5)] Der Kaiser bevorzugte Cremona gegen Mailand, aber Piacenza gegen Parma; er bewilligte die freie Wahl der Consuln für Pavia, und er erteilte an Brescia die Regalien, die es im Frieden von Constanz noch nicht erhalten hatte.[6)]

---

marchionis Montisferrati et Guilielmi eius filii factam inter eos et suprascriptas civitates secundum quod in instrumentis inde factis continetur, bona fide et sine fraude attendam et observabo. Et haec omnia etc.

[1)] Toeche 57 ff.
[2)] Ann. Placentini Guelfi (SS. XVIII, 418); Ann. Brixienses (SS. XVIII, 814).
[3)] St. 4726. 4728.
[4)] Ann. Placentini Guelfi 418.
[5)] Ann. Brix. 815; Odorici, storie Bresciane VI, 68.
[6)] St. 4670. 1191. ian. 21. Lodi. verpfändet Borgo San Donnino und Bargone für 1000 Pfund an Piacenza.
4671. „ „ Lodi. schliesst ein Bündnis mit Piacenza.

Es war dasselbe Verfahren, das Friedrich I. einst den Rivalen Pisa und Genua gegenüber geübt und das Heinrich VI. soeben wiederholt hatte.¹) Er wollte über den Parteien stehen, indem er sich beide verband; er wollte sie beherrschen, indem er beide täuschte. So wird es verständlich, dass der Kaiser, obwohl am 7. Dezember unter seinen Augen der Bund

St.			
4678/79.	1191. febr. 12. Bologna.	giebt an Como die Regalien im Bistum, in Gravedona und Domaso.	
			St.
4704.	iuni 5. Vor Neapel.	für Piacenza.	(=4671)
4705.	„ „ „	„ „	(=4670)
4713.	oct. 20. Pisa.	für Como.	(=4678)
4713a.	„ „	„ „	(=4679)
4717.	nov. 3. Piacenza.	Die Leute von S. Donnino schwören in Gegenwart des Kaisers Treue für Piacenza.	
4719.	nov. 25. Pavia.	verspricht, für 3000 Pfund Cremona mit Crema zu belehnen.	
4720.	„ „	verpfändet Luzzara und Guastalla um 1000 Pfund an Cremona.	
4727.	dez. 7. Mailand.	Privileg für Pavia.	
4728.	„ 8. „	verordnet Frieden zwischen Brescia, Cremona und Bergamo.	
4729.	„ 8. „	belehnt Bonifaz v. Montferrat mit Gamondo etc.	
4740.	1192 märz 5. Hagenau.	an Cremona die Rechte des Reichs in Crema überlassend.	
4751/52.	iuni 9. Würzburg.	Bündnis mit Cremona u. Como.	
4762.	iuli 26. Gelnhausen.	Privileg für Brescia u. Bündnis mit der Stadt.	
4763.	iuli 27. „	Privileg für Brescia.	

¹) St. 4686 vom 1. März 1191 und 4745 vom 30. Mai 1192 für Pisa sind fast völlig gleich der Urkunde Friedrichs I. für Pisa vom 6. April 1162 (St. 3936). Ebenso ist das Privileg Heinrichs für Genua vom 30. Mai 1191 (St. 4701) nur wenig abweichend von demjenigen seines Vaters. (St. 3949 vom 5. Juni 1162.) Die Urkunden Heinrichs können daher nicht so unbeschränkt zur Darlegung seiner Politik benutzt werden, wie es bei Toeche 169 und 197 geschehen ist.

gegen Mailand zu stande gekommen war, unmittelbar darauf von den mailändischen Consuln ehrenvoll nach Como geleitet wurde.[1)]
Seinen Höhepunkt erreichte das Doppelspiel im Sommer 1192. Am 9. Juni trat Heinrich zu Würzburg dem Cremoneserbunde bei, versprach ihn anzuerkennen, ihn gegen den alten Lombardenbund zu schützen und keinen Vertrag gegen die neue Vereinigung einzugehen.[2)]

Am 26. Juli aber traf er zu Gelnhausen ein Abkommen mit Brescia, in dem er diesem Hülfe gegen Pavia zusicherte und durch Marschall Siegfried von Hagenau schwören liess, dass er ohne die Zustimmung Brescias sich in kein Bündnis mit einer andern Stadt der Lombardei einlassen würde, unbeschadet der mit Mailand und Piacenza geschlossenen Verträge.[3)]

Nicht die Vernichtung Mailands und des Lombardenbundes, wie Toeche und Ficker aus dem Vertrag mit Cremona einseitig schlossen, kann daher das Ziel des Kaisers gewesen sein. Sein zweideutiges Verhalten gegenüber den lombardischen Städten bedarf einer anderen Erklärung.

Geldnot ist der eine bedeutsame Faktor, der auf die

[1)] Giuliui, memorie di Milano. Nuova edizione IV, 1856, p. 61 Vgl. Toeche 208. Vielleicht hatte damals Heinrich VI. das Bündnis, welches Friedrich I. am 11. Febr. 1185 mit Mailand abgeschlossen hatte (St. 4409), erneuert. Wenigstens wird St. 4762 ausdrücklich auf einen Vertrag mit Mailand verwiesen.
Es ist danach nicht richtig, mit Toeche 205 von Cremona und seinen Bundesgenossen als den „kaiserlich gesinnten" Städten zu reden, insofern dadurch Brescia und Mailand als Feinde des Kaisers bezeichnet werden.
[2)] St. 4751.
[3)] St. 4762. Am 23. Juni wurden die Consuln von Brescia mit dem Abschluss des Vertrages beauftragt (Odorici VI, 76.). Die Hofrichter Ottobellus von Mailand und Arnoldus Strictus von Piacenza sind unter den Zeugen, so dass es nicht möglich ist, mit Toeche 326 in dem Bündnis des Kaisers mit Brescia einen Versuch zu sehen, die Bundesstädte von Mailand zu trennen. Auch wird ausdrücklich auf die Verträge des Kaisers mit Mailand und Piacenza verwiesen. Daraus geht hervor, dass der Bund mit Piacenza nicht, wie Toeche S. 206 irrtümlich annimmt, gegen Mailand gerichtet war.

Handlungen Heinrichs VI. einwirkte. Schon auf dem ersten italienischen Zuge waren seine Mittel knapp gewesen, da die Rüstungen für den Kreuzzug Deutschland erschöpft hatten.[1]) Um die Kosten der neuen Heerfahrt, die er sogleich nach dem Rückzuge von Neapel ins Auge fasste, decken zu können, musste der Kaiser sich durch Verpfändungen an die reichen oberitalienischen Communen Geld verschaffen.

Eine tiefere Bedeutung hatten die Bündnisse, die Heinrich im Sommer 1192 mit beiden Parteien abschloss. Sie waren nach den lokalen Bedürfnissen verschieden in dem, was er den Städten versprach; sie stimmten fast wörtlich überein in der Verpflichtung der Städte, in ihrer Garantie aller kaiserlichen Rechte und Besitzungen in der Lombardei, vor allem des Landes der Gräfin Mathilde.[2]) Darauf kam es Heinrich VI. an. Und wenn wir uns erinnern, dass über den Besitz des

---

[1]) Oliviera, chiesa Pesarese 121 (cit. bei Ficker, Forsch. § 807). Ab Henrico imperatore dominus Righettus confirmatur vicarius in vita; et hoc quia cum H. imperator predictus pervenisset in Italiam, in civitate Parmae donavit sibi 32 milia florenorum, et valde gavisus fuit imperator, quod pecunia sibi deficiebat.

[2]) **Mailand** schwört (St. 4409): manutenere omnes possessiones, iustitias, iura et rationes, quas habemus in Lombardia, Marchia et Romaniola; et **specialiter terram comitissae Mathildis**. Si quas etiam possessiones .. in Lombardia, Marchia, Romaniola et nominatim de terra quondam comitissae Mathildis amiserimus, adiuvabunt nos bona fide recuperare.

Piacenza. (St. 4704): et specialiter iuvabunt nos manutenere et defendere et recuperare possessiones et iura **in podere comitissae Mathildis in Lombardia**.

Cremona (St. 4751 = Como St. 4752): iurabunt nos manutenere, defendere et recuperare omnia iura, actiones et rationes quas imperium habuit vel habere debuit .. et omnes promissiones, quae nobis vel patri nostro factae sunt vel nobis fient, iurabunt nos manutenere et obtinere, et **praecipue terram comitisse Mathildis**.

Brescia (St. 4762.): iuvabunt nos manutenere imperium in Lombardia, Marchia et Romaniola et possessiones, iura, iustitias et rationes, quas habemus in Lombardia, Marchia et Romaniola, et **specialiter terram quondam comitisse Mathildis**. Si quas etiam possessiones, iura, iustitias et rationes in predictis locis, et quod de terra comitissae Mathildis amisimus, bona fide adiuvabunt nos recuperare.

Mathildischen Gutes noch nicht entschieden war, dass die Päpste, sobald sie, wie Lucius III. und Urban III., mit dem Kaiser in Konflikt gerieten, immer die Herausgabe desselben verlangten,[1]) so kann uns kein Zweifel bleiben, von welcher Seite Heinrich die Gefahr erwartete. Es ist nicht zufällig, dass er die Verträge mit beiden Städtebünden der Lombardei im Sommer 1192 abschloss, grade in der Zeit, in der sein Gegensatz zum Papste die grösste Schärfe gewonnen hatte.[2])
Gegen Coelestin III. als den Lehnsherrn Tancreds wollte der Kaiser sich schützen.

Indem er sich von beiden Städteverbindungen seinen Besitz gewährleisten liess und beiden seine Unterstützung versprach, sicherte er sich dagegen, dass der Papst die eine von ihnen gewann, um die Ansprüche durchzusetzen, welche die Curie auf das Land der Gräfin Mathilde erhob, vermied er, dass ihm bei einem Durchzuge nach Unteritalien Gegner entgegentraten, welche ihm den Weg versperrten, verhinderte er, dass die Verbindung des Papstes mit den lombardischen Städten wie einst unter Alexander III. eine Niederlage der kaiserlichen Politik herbeiführte.

Wenn der Kaiser von diesen Gesichtspunkten geleitet war, so konnte ihm ein Krieg in der Lombarbei in keiner Weise erwünscht sein; vielmehr musste ihm an der Aufrechterhaltung des Friedens und der Herstellung des Gleichgewichts zwischen den grossen feindlichen Vereinigungen liegen. Dem entspricht es, wenn Heinrich im Herbst 1192 veranlasste, dass in der Streitsache zwischen Brescia und Bergamo das Kastell Vulpino an Brescia gegeben wurde,[3]) und wenn im November der Widerspruch Mailands bewirkte, dass der Kaiser alles, was in der Angelegenheit zwischen Crema und dem Reich — also Cremas Unterwerfung unter Cremona betreffend — angeordnet

---

[1]) Toeche 37. 49. Scheffer—Boichorst, Kaiser Friedrich' I. letzter Streit mit der Curie. Berlin 1867. S. 24 ff.
[2]) Siehe oben S. 8.
[3]) St. 4767a—d.

war, für nichtig erklärte.[1]) Heinrich VI. hoffte ja noch immer, seinen Legaten, die in Unteritalien den Krieg gegen Tancred weiterführten, im Lauf des Winters zu Hülfe eilen zu können. Im Jahre 1192 blieb in der That die Ruhe in der Lombardei bewahrt.[2]) [Erst im Frühjahr 1193, als der Kaiser durch die Fürstenempörung und die Gefangennahme König Richards von England vollauf beschäftigt war, brach der Kampf in Oberitalien los. Doch kaum nahmen die Ereignisse in Deutschland eine ihm günstige Wendung, welche die Heer-

---

[1]) St. 4779 zu Cremona am 11. Dez. verlesen (gedr. Toeche 622): Nolentes autem, ut in absentia nostra iam dicta causa tractetur, vobis mandamus et omnino precipimus, ne ulterius in ea procedatis, et quicquid interea actum fuerit, auctoritate imperiali cassamus.

Die oben vorgetragene Auffassung findet Ausdruck in der, seinen Namen tragenden Sammlung des Boncompagnus, deren Briefe, zwar Stilübungen, sich doch nach Ficker, Forschungen § 279 eng an die Thatsachen anschliessen. Das letzte der in Betracht kommenden Schreiben über die Uebergabe Cremas an Cremona — sie stehen im cod. Monac. 23499 auf fol. 31 und 31' — stimmt inhaltlich mit dem erhaltenen Mandat an die kaiserlichen Hofrichter (Toeche 622) sehr gut zusammen: Significat imperator Mediolanensibus, quod ad importabilem Cremonensium instanciam scripsit: sed ipsi teneant. Ad importabilem Cremonensium instanciam sic laxavimus precepti habenas, videlicet qui nunc tenent, teneant, donec in Italiam veniemus. Et postmodum firmiter promittatis quod eis coram nobis vultis prodere de iure. Et si sua privilegia ostenderint, et vos similiter vestra ostendatis, scientes quod semper erit pocior condicio possidentis.

Dem Vorstand der kgl. Bibliothek zu München sage ich meinen ergebensten Dank für die gütige Uebersendung des Codex. Vgl. über denselben Rockinger, Briefsteller und Formelbücher (in den Quellen und Erörterungen zur bayrischen Geschichte. 9a, 13).

[2]) Toeche 327 nimmt nach Giulini IV, 61 im J. 1192 einen Einfall von Pavia, Bergamo und Lodi ins Mailändische an. Ein solcher wird in der That von den Ann. Cremon. (SS. XVIII. 803) berichtet. Doch beginnt in diesen, sich eng an die Konsulreihen anschliessenden Annalen das Jahr von 1187 bis 1195 erst mit dem 1. Juli. Zu 1187 wird gemeldet: et eodem tempore regimen civitatum cepit fieri a Calendis Julii. Ihr Jahr 1192 reicht vom 1. Juli 1192 bis 1. Juli 1193. Danach sind auch die übrigen Ereignisse in den betreffenden Jahren einzureihen. Die Nachricht der Ann. Cremon. 1192 ist identisch mit dem Bericht der Ann. Placent. Guelfi 418 zum Mai 1193 über einen Angriff, den Pavia, Lodi, Bergamo und Como ins Mailändische machen.

fahrt nach Apulien wieder möglich erscheinen liess, so entsandte Heinrich den Trushard von Kestenburg, um den Frieden in der Lombardei wiederherzustellen.¹) Am 20. April 1194 wurde zu Vercelli die Friedensurkunde ausgefertigt.²) Im Mai erschien der Kaiser im Süden der Alpen. Glänzend nahmen ihn die Mailänder auf.³)

Heinrich VI. war nicht darauf ausgegangen, ihre Macht zu brechen. Nicht seine Feindschaft gegen Mailand kann sein Auftreten in der Lombardei begründen. Es muss aufgefasst werden als die Aeusserung einer Politik, welche sich die Eroberung des normannischen Reiches zur Aufgabe gesetzt hatte. Was der Kaiser, „den oberitalienischen Verhältnissen gegenüber anscheinend überhaupt mehr auf seine Staatskunst als auf die Macht vertrauend",⁴) in den Jahren 1191 bis 1194 in der Lombardei that, stand in Beziehung zu dem zweiten Zuge gegen Tancred, den zu unternehmen er schon im Sommer 1191 fest entschlossen war.

Er suchte in Oberitalien Unterstützung gegen Sicilien, Sicherheit gegen Rom.

---

¹) Am 31. August 1193 erscheint Trushard zuletzt am Hofe (St. 4832). Vgl. Ficker, Forschungen § 280.
²) Odorici VI, 87.
³) St. 4863 ff.; contin. chron. Weingart. 477.
⁴) Ficker, Forschungen § 300.

II.

Heinrich VI. in Deutschland. Sein Verhalten gegen die deutsche Geistlichkeit und gegen die Welfen.

Als der Kaiser im Dezember 1191 aus Italien nach Deutschland zurückkehrte, harrten seiner dort zwei Aufgaben: die Besetzung der zahlreichen erledigten Bistümer und die Bestrafung des jungen Welfen für seinen Verrat vor Neapel. Bei ihrer Lösung wird die Politik, welche Heinrichs VI. Verhalten in Italien entscheidend beeinflusste, ihre Spuren hinterlassen haben.

Vergeblich allerdings wird man bei Toeche danach forschen. Die rechtlose Erhebung Lothars von Hochstaden auf den Lütticher Stuhl und die Ermordung des Gegenkandidaten Albert von Brabant, der stolze Abweis der von Heinrich dem Löwen entsandten Friedensboten und das Ausbleiben der Hülfe, die Heinrich den sächsischen Fürsten im Kampfe gegen die Welfen versprochen hatte, zeugen von einer Gewaltherrschaft, welche statt durch politische Interessen von den wechselnden Launen des Kaisers geleitet wurde.[1]

Allein diese Darstellung kann nicht aufrecht erhalten werden, — da der Kaiser über die Lütticher Bischofswahl in Uebereinstimmung mit den deutschen Fürsten entschied und

---

[1] Toeche 210. 216. 234.

wider seinen Willen durch die Fürsten zum Kampfe gegen die Welfen gedrängt wurde.

Der deutsche Episkopat hatte unter Friedrich I. für das Reich eine hervorragende Bedeutung gewonnen;[1]) in ihm fand der Kaiser seine grossen Feldherren, seine geschickten Diplomaten, so dass er zur festesten Stütze der kaiserlichen Gewalt geworden war, nicht zum wenigsten dadurch, dass Friedrich ausschlaggebenden Einfluss auf die Wahl der Bischöfe ausübte und es verstand, den rechten Mann an die rechte Stelle zu setzen. Bei zwistigen Wahlen beanspruchte der Kaiser sogar das Recht, aus eigener Machtvollkommenheit die bischöfliche Würde zu verleihen.[2]) Sein Sohn ging so weit, dasselbe thatsächlich auszuüben.[3])

Während er in Hagenau Weihnachten 1191 gemäss dem Wormser Konkordat den einen der beiden gewählten Kandidaten für Cambrai investiert hatte,[4]) verfuhr er bei der Lütticher Doppelwahl nach Devolutionsrecht.

Gleichzeitig waren damals die beiden wichtigsten niederrheinischen Sitze, Köln und Lüttich, frei. In Köln hatte die antistaufische Partei des Domkapitels durch den Einfluss des Herzogs von Brabant den Verzicht des schon gewählten Lothar von Hochstaden durchgesetzt, so dass dem Kaiser zu Worms Mitte Januar der hochbejahrte Probst Bruno von Berg als

---

[1]) Vgl. Nitzsch, Deutsche Geschichte II, 311 ff. Wolfram, Friedrich I. und das Wormser Konkordat. Strassb. Diss. 1883.
[2]) Wolfram 143.
[3]) Gislebert (SS. XXI, 573): imperator asserit, quod in discordia partium sibi licet, episcopatus et abbatias cui voluerit conferre. — Vita Alberti episcopi Leod. 168: (Albertus) occubuit pro ecclesiae Dei libertate, quam volebat Heinricus imperator sibi subiugare in hoc casu, ut, si dissentirent a ceteris tres aut duo de electione facienda in ecclesiis cathedralibus regni sui aut regalibus abbatiis, statim ipse manum apponeret et quem vellet regalibus investiret.
[4]) Gisl. 577. Johannes hatte dem Kaiser 3000 M. gezahlt. Ich möchte nicht so unbedingt wie Toeche 223 behaupten, dass er nur deshalb bevorzugt wurde. Gisl., der doch selbst für den Gegenkandidaten eingetreten war, nennt Johannes satis et honestus et religiosus.

allein gewählt präsentiert werden konnte.[1]) In Lüttich hatten ebenso Herzog Heinrich von Brabant wie der ihm feindliche, dem Kaiser nahestehende Graf Balduin von Hennegau durch Erscheinen mit bewaffneter Mannschaft das Kapitel nach ihrem Sinne zu lenken gesucht und dadurch eine zwiespältige Wahl herbeigeführt.[2]) Albert von Brabant, der Bruder des Herzogs, stand dem Erzdekan Albert von Retest gegenüber.

Der Kaiser mochte glauben, durch die Investitur Brunos in Köln die Brabanter Partei, den Grafen Balduin durch das Versprechen, ihm die flandrischen Lehen zu übertragen, befriedigen zu können, und bestimmte für das Lütticher Bistum keinen der beiden Gewählten, sondern Lothar von Hochstaden, um am Niederrhein eine zuverlässige, kräftige Persönlichkeit als Vertreter der kaiserlichen Interessen zu wissen.[3]) Er verschob seine Entscheidung bis zu dem Urteile der Fürsten.[4]) Die Bischöfe selbst sprachen ihm durch ihr Weistum das Recht zu, das Bistum nach seinem Belieben zu besetzen.[5])

---

[1]) Cesarii Heisterbac. catalogus (SS. XXIV, 345). Der Verzicht Lothars würde verständlich, wenn man annehmen dürfte, der Kaiser selbst habe ihn veranlasst, um durch die Bestätigung des ihm ungefährlich erscheinenden Bruno die Kölner Partei zu gewinnen und dann Lothar in Lüttich einsetzen zu können. Leider lassen die Quellen völlig im Stich.
[2]) Chron. reg. Colon. ed Waitz 1880 p. 153; Gisl. 573; ann. Lamberti Parvi (SS. XVI, 650); vita Alberti 139.
[3]) Vita Alberti 142. Ueber die politischen Gründe vgl. Toeche 223. Immerhin bleibt die Uebertragung der Kanzlerwürde gegen 3000 Mark (vita Alb. 142; Gisl. 578) eine verdeckte Simonie (s. dagegen Cohn, Gött. gel. Anz. 1867, S. 1539). Ueber die Datierung vgl. Schwartz 40, Anm. 5.
[4]) Gisl. 575.
[5]) Gisl. 578: Dominus imperator super discordiam electionis sententiam a principibus requisivit. Quod quidem iudicium domino Brunoni Colouiensi electo et domino Conrado Maguntiensi archiepiscopo, et domino Johanni Treviriensi archiepiscopo et Monasteriensi, Metensi, Tullensi, Argentinensi, Spirensi, Herbipolensi, Balbobergensi, Basiliensi episcopis commissum est, Woldenensique et Lonensi et Prumensi abbatibus. Sententiam autem Monasteriensis episcopus protulit, et inde alios omnes sequaces habuit, quod episcopatus Leodiensis in manus domini imperatoris devenisset, dandus ad voluntatem suam.

Heinrichs Verfahren war gesetzlich oder wurde wenigstens als solches angesehen.

Lothar empfing am 14. Februar zu Lüttich von Grafen und Edlen, an ihrer Spitze Balduin von Hennegau, sowie von Ministerialien und Bürgern den Lehnseid.[1] Nur die brabantische Partei focht das Recht des Kaisers an, die bischöfliche Würde in dieser Weise zu übertragen; ihre Appellation an den Papst vermochte Heinrich VI. nicht zu hindern. Trotz seiner Befehle, Albert von Brabant festzunehmen, den man auf dem Wege nach Italien wusste, gelangte derselbe zu Ostern nach Rom.[2] Coelestin bestätigte seine Wahl und gab ihm ein Schreiben mit, in dem er dem Erzbischof Bruno von Köln befahl, Albert zu weihen, oder, wenn er selbst verhindert sei, den Erzbischof von Rheims mit der Weihe zu beauftragen. Im August kehrte Albert nach Brabant zurück, musste indessen zu seinem Oheime von Limburg flüchten,[3] da der Kaiser dem Herzoge von Brabant verbot, den Bruder aufzunehmen.

Im September begab sich Heinrich VI. selbst nach Lüttich, um Lothar allgemeine Anerkennung zu verschaffen.[4] Den Kölnern sperrte er vom 17. September an den Rhein, obwohl Erzbischof Bruno „aus Gesundheitsrücksichten" die Weihe Alberts abgelehnt hatte.[5] In Lüttich liess er die Güter der Anhänger des Brabanters einziehen, ihre Häuser niederreissen. Der Herzog wurde gezwungen, dem verhassten Lothar Huldigung

---

[1] Gisl. 580: in capite ieiunii.
[2] vita Alberti 143 ff.
[3] l. c. 147 ff.; chron. reg. Colon. 155. Albert fuhr von Rom zu Schiff bis Pisa; von dort benutzte er den Landweg über Susa und den Mont-Cenis durch Frankreich. Toeche 226 lässt ihn über Genua und Nizza reisen.
[4] am 22. Sept. erfuhr der Herzog von Limburg (vit. Alb. 150) zu Rheims die Ankunft des Kaisers in Lüttich. Am 21. Sept. war Albert geweiht worden. Es hat also nicht erst die erfolgte Weihe den Kaiser nach Lüttich gerufen, wie Gisl. 581 erzählt.
[5] chron. reg. Colon. 155: Coloniense episcopo infirmitate detento. Der Wahrheit kommt wohl näher vita Alb. 149: minis et terroribus imperatoris vehementer attonitus ... fingens egritudinem.

zu leisten und zu Maastricht mit dem kaisertreuen Grafen von
Hennegau Frieden zu schliessen.¹) Danach hielt der Kaiser
Lothars Stellung für gesichert, obwohl Albert von Brabant am
21. September zu Rheims die bischöflichen Weihen empfangen
hatte. Er verliess Anfang Oktober den Niederrhein, weil seine
Anwesenheit in Sachsen notwendig wurde.

Während er dort beschäftigt war, führte der Streit um das
Lütticher Bistum zu einer furchtbaren Gewaltthat: am 24. November wurde Bischof Albert von Lüttich zu Rheims, wo er
sich seit seiner Weihe aufgehalten hatte, von deutschen Rittern
erschlagen.²)

---

¹) chron. reg. 155; ann. Lamberti Parvi 650; vita Alb. 151;
Gisl. 581. Die Anwesenheit anderer niederrheinischer Grafen ist
bezeugt durch St. 4771.
²) Die Quellen bei Toeche 550. Vgl. Toeche 228; Winkelmann.
Philipp von Schwaben I, 487; Cohn, Gött. Gel. Anz. 1867. S. 1539.
Toeche beruft sich mit der Beschuldigung des Kaisers auf die
chron. univers. Laudun. (SS. XXVI, 452), die nach der Ansicht von
Waitz (l. c. 443) multa ex ore populi hausta vel etiam plene fabulosa enthält, und auf die gestorum abb. Trudon. contin. III (SS. X,
891), die erst im Anfang des 14. Jahrhunderts verfasst ist. Dazu
fügt Winkelmann 487 — dessen Irrtum ich gleich verbessere —
folgende Stelle des Aegid. Aureaevall. (SS. XXV, 114): 1193 iste
Henricus imperator duos perpetuos sacerdotes in ecclesia b. Lamberti apud Leodium et duo nova altaria instituit pro remedio illius
peccati, quo procuraverat mortem episcopi Alberti Leovaniensis.
Wenn nun auch Winkelmann aus einem Verzeichnis der Dekane
des Lambertstiftes (Gallia christ. III. 927) nachweist, dass der
Kaiser 1193 diese Stiftung gemacht hat, so erregt doch die in der
Chronik gegebene Begründung um so grössere Bedenken, als die
Stelle erst ein späteres Einschiebsel ist (SS. XXV, 114 n. 2). Vermutlich handelt es sich um eine beim Friedensschluss im Juni 1193
versprochene Schenkung des Kaisers.

Die drei in Betracht kommenden Nachrichten sind demnach
von zweifelhaftem Wert. Es schweigen über eine Mitschuld des
Kaisers völlig: Sigeb. cont. Aquic. 429 und die gleichzeitigen Ann.
Lamberti Parvi 650. Als Gerücht wird sie erwähnt bei Gisl. 581
und in der chron. reg. Colon. 155, schliesslich auch in den dem
Schauplatz ferneren ann. Stad. (SS. XVI, 352) und den Ann. Reinhardsbrunn. 65.

Von grosser Bedeutung ist die vita Alberti (SS. XXV, 185),
die früher nur als ein Teil der gesta des Aegidius bekannt war.
Seit sie durch Heller als selbständiges Werk, höchst wahrscheinlich des dem Bischof befreundeten Abtes Werricus von Lobbes,

Es liegt nahe — und von je her ist es geschehen —, dass Heinrich VI. mit dem Morde in Verbindung gebracht wurde. Toeche und Winkelmann betrachten die That geradezu als vom Kaiser veranlasst, während Cohn Zweifel daran hegt. Den schwersten Verdacht wirft auf ihn, dass die Mörder an seinem Hofe ihre Zuflucht fanden, dass er ihnen später in Italien Lehen erteilte.

Unverständlich zwar bliebe, welchen Erfolg er sich von der Ermordung Alberts versprechen konnte; unbegreiflich der Gegensatz gegen die vorsichtigen Wege, die Heinrich sonst in dieser Zeit einschlug. Doch das fiele nicht ins Gewicht gegenüber den Anklagen, die sich aus der reichen Zahl der Quellen übermächtig gegen den Kaiser erheben würden. Indessen die der Zeit und dem Ort am nächsten stehenden Schriftsteller schweigen, oder sie berichten ausdrücklich nur von den Gerüchten, die im Umlauf sind. Auch der Freund des Dahingemordeten, der Genosse seiner letzten Tage, hat kein anderes Wort der Anklage gegen den Kaiser als die Vorwürfe über den Schutz, welchen derselbe den Mördern gewährte. Er giebt sogar einen, bisher nicht beachteten Hinweis darauf, dass Albert ein Opfer privater Rache Hugos von Worms, eines lothringischen Reichsbeamten,[1]) geworden sei. Hugo fand bei Dietrich von Hochstaden, dem Bruder Lothars, Unterstützung. Beide waren treue Anhänger der Staufer und mochten glauben, dass der Kaiser die Beseitigung des unbequemen Rivalen Lothars gutheissen würde.[2])

Aus den Quellen lässt sich danach eine Schuld Heinrichs VI, den Tod Alberts gewollt und geplant zu haben, nicht begründen. Es steht nicht einmal fest, ob der Kaiser von dem Vor-

---

erkannt ist, sind ihre Nachrichten in allererster Linie zu berücksichtigen und dürfen nicht mit Toeche 228 ohne weiteres als leeres Gerücht behandelt werden. Sie sieht den Urheber des Mordes in Hugo von Worms, quem Lotharingiae dudum praefecerat imperator. Hic Lotharingiae ducem Henricum et Albertum fratrem eius et omne genus persequens odio iniquo turbaverat omne opus eorum et omnem pacem Leodiensis electionis in ipsum Albertum concordantem.
[1]) Ueber Hugo von Worms siehe Ficker, Forschungen § 327 Anm. 25.
[2]) vita Alberti 151. 167.

haben Hugos wusste, aber die That geschehen liess. Dass er
die Mörder an seinem Hofe aufnahm, ist der grösste Vorwurf,
den ihm seine Feinde machen.¹) Was darüber hinausgeht,
war Gerücht und wurde als Gerücht verzeichnet. Wenn
Heinrich die Verbrecher, die in seinem Interesse zu handeln
gemeint hatten, nicht strafte, so bedarf es zur Erklärung dessen
nicht seiner Mitschuld. Er schützte seine Getreuen gegen die
Rache seiner eigenen Gegner, gegen die Fürsten, die unter
dem Eindruck der Schreckensthat zur Erhebung gegen den
Kaiser zusammentraten.

Von der Empörung wird später zu handeln sein. An
dieser Stelle soll nur betont werden, dass man nicht berechtigt ist, Heinrich VI. des Mordes zu zeihen. Ob er völlig
unschuldig daran war? — In der Geschichte des Mittelalters
gelingt es nur selten, zu den letzten Gründen der Ereignisse,
zu den Menschen in ihrem individuellen Wollen und Handeln,
zur Erkenntnis der Persönlichkeit durchzudringen. Wie dem
immer sei, die Blutthat drängte zum Aufstand nur die
Grossen des Niederrheins, welche der Erhebung Lothars
von Hochstaden widerstrebt hatten. Der Kaiser hatte durch
sein Verhalten im Lütticher Bischofsstreit diese sich zu Geg-
nern gemacht, nicht aber die deutsche hohe Geistlichkeit, die
vielmehr durchaus auf seiner Seite stand.

Ihr Haupt, Erzbischof Konrad von Mainz, nahm während
des ganzen Jahres 1192 am Hof eine einflussreiche Stellung ein.²)
Offen bekundete er seine kaiserliche Gesinnung. Am 23. Februar
weihte er den Probst Heinrich von Bamberg, den der Kaiser
an die Spitze des Würzburger Bistums gestellt hatte,³) und

---

¹) l. c.: omnes aulam cesaris execrantur, in qua sibi asilum
obtinere gloriantur homicide scelerati.
²) Libellus de libertate Epternac. (SS. XXIII, 66). Böhmer-
Will, Regesten der Mainzer Erzbischöfe II, 87. n. 256—275.
³) Chron. reg. Colon. 155: episcopum Wirceburgensibus praefecit.
Chron. Sampetrinum (Geschichtsquellen der Provinz Sachsen I, 44).
Die cont. Admunt. (SS. IX, 586), welche Heinrich von Würzburg
als Probst von Aachen bezeichnet, verwechselt ihn vielleicht mit

den Erwählten Heinrich von Worms, den kaiserlichen Protonotar, obwohl dessen Wahl unregelmässig gewesen war.[1])

Heinrich VI. wollte, wie sein Vater, sich einen zuverlässigen, dem Reichsinteresse ergebenen Episkopat schaffen und wurde darin von den Fürsten selbst unterstützt. Er verletzte sie nicht durch Gewaltakte; vielmehr lag ihm daran, mit ihnen in gutem Einvernehmen zu bleiben.[2])

Er gab ihnen nach, selbst wo seine eigenen Wünsche sich in anderer Richtung bewegten, in dem Verhalten gegen die Welfen.

Heinrich der Löwe hatte die Bedingungen des Fuldaer Friedens von Juni 1190 nicht erfüllt, sondern die Angriffe auf das Gebiet des Grafen Adolf von Schaumburg, der sich mit Kaiser Friedrich auf dem Kreuzzuge befand, fortgesetzt; nur mit Mühe konnte der Graf im Frühjahr 1191 dank der Unterstützung des Herzogs Bernhard von Sachsen und Ottos II. von Brandenburg nach Holstein gelangen, wo er sogleich den Kampf aufnahm. Die Belagerung Lübecks, zu der er gemeinsam

---

dem Bruder des Kaisers, Probst Philipp von Aachen, der vorher für den Würzburger Stuhl bestimmt war.

Einer der beiden Gewählten muss unter dem Heinricus Argentinensis electus gesucht werden, der am 15. Febr. 1192 (St. 4735) als Zeuge genannt wird. Konrad von Strassburg ist schon 1191 nicht mehr electus (St. 4694 u. U. B. der Stadt Strassburg I, 105.) Toeche 654 n. 2 bezieht daher die Unterschrift mit Unrecht auf ihn.

[1]) Nach Schannat, hist. Wormat. I, 362 — von Toeche nicht bemerkt — fand auch in Worms eine Doppelwahl statt, die nach Devolutionsrecht vom Kaiser entschieden wurde. Darüber fand ich nichts. Dass indessen die Wahl nicht kanonisch war, geht daraus hervor, dass Coelestin den Bischof nicht anerkannte. Am 15. Juni 1192 kassierte er ein Urteil eius qui Wormatiensem se gerit episcopum. (Jaffé-Löw. n. 16907.)

[2]) Auf den Wunsch der Fürsten zieht Heinrich die Schenkung des Klosters Erstein an das Bistum Strassburg zurück. St. 4739. 1192 März 5 Hagenau (Strassb. U. B. I, 106): processu autem temporis, principibus in praesentia nostra apud Hagenowe constitutis, tam de conventione inter nos et iam dictum fidelem nostrum Argentinensem episcopum habita, quam etiam de principum scientia placuit, ut predicta donatio facta de claustro Eristein ad imperium pertinente retractaretur, qua non est licitum, res ad imperium spectantes alienare absque imperii proventu et utilitate.

mit dem jungen Grafen Bernhard von Ratzeburg schritt, wurde jedoch erst wirksam, nachdem die Trave gesperrt werden konnte. Ein Entsatzheer, das Heinrich der Löwe unter Konrad von Rode sandte, wurde nach anfänglichen Erfolgen bei Boizenburg völlig geschlagen. Im Anfang des Jahres 1192 fiel Stade ohne Verteidigung in die Hände des Grafen Adolf, und da an der Uebergabe Lübecks nicht mehr gezweifelt werden konnte, sah der Herzog seinen Besitz in Nordalbingien auf die Lauenburg beschränkt. Sein einziger Verbündeter, der Erzbischof Hartwig von Bremen, war, als er aus seiner freiwilligen Verbannung nach England im Sommer 1191 zurückkehrte, von den Bürgern der Stadt nicht aufgenommen worden und hielt sich, selbst Hülfe heischend, in Lüneburg auf.[1]

Die Flucht des jungen Heinrich nach Deutschland hatte die Lage der Welfen noch bedrohlicher gestaltet, da der Kaiser von Italien aus die Hülfe der sächsischen und der westfälischen Bischöfe angerufen hatte, die in dem Herzoge ihren gefährlichen Gegner erblickten. Zu Goslar hatte der immer getreue Wichmann von Magdeburg die Fürsten noch im Jahre 1191 versammelt und sie für den folgenden Sommer eine Heerfahrt gegen Heinrich den Löwen beschwören lassen.[2] Doch der greise Held, wenig zufrieden mit der That seines Sohnes,[3]

---

[1] Arn. chron. V, 3. 7—12. 16. Vgl. Toeche 211. Für die Chronologie siehe die erste Beilage.
[2] Sächs. Weltchronik (M. G. Deutsche Chroniken II, 234).
[3] Ann. Stederburg. (SS. XVI, 224): in cuius (scil. Henrici filii) adventu patri suo laetitia accrevit, imperatoris autem ira vehementissime efferbuit. Dux ergo Henricus sperans imperatoris posse mutari animum, sciens etiam suam de non laesa maiestate eius innocentiam, legatos suos ad ipsum disponit. Ihr, den Ereignissen nahestehender Bericht macht die Auffassung unmöglich, die bei Toeche 200 u. L. v. Heinemann, Heinrich von Braunschweig, Pfalzgraf bei Rhein 27. Ausdruck findet, dass Heinrich der Löwe im Jahre 1191 „die Fürsten zu neuer Königswahl und zur Erhebung seines Sohnes aufforderte". Beide berufen sich auf die chronologisch vollständig verwirrten ann. Stad. (SS. XVI, 352), die zum Jahre 1192 nach der Erzählung über den ersten italienischen Zug und Heinrichs Rückkehr berichten: Theutonici de rege alio iam tractabant, et maxime dux Henricus, cuius filius Henricus iam conspira-

wollte nicht noch einmal um seine Existenz einen Kampf kämpfen, der ihm von vornherein aussichtslos erschien. Ohne Anhang, die Fürsten sich gegenüber auf Seiten des Kaisers, musste er den überlegenen Angriff von Norden und Süden gewärtigen. Er zog es vor, den Frieden und die Gnade des Kaisers zu erbitten.

Der schwülstige und in sich widerspruchsvolle Bericht der Jahrbücher von Steterburg, auf den man hier ausschliesslich angewiesen ist, wurde erst verständlich, seit Schwartz, abweichend von Toeche, erkannte,[1]) dass das Versprechen eines Zuges nach Apulien das Anerbieten Heinrichs des Löwen war. Nach ihm entnahm L. von Heinemann der Chronik, dass Heinrich VI. nicht abgeneigt war, darauf einzugehen.[2]) Aber

verat cum Tancrado. Allein diese Worte beziehen sich auf die Fürstenempörung des Jahres 1193, die sonst in den ann. Sted. nicht erwähnt wird.

[1]) Ann. Stederburg. 224: cuius (scil. Henrici ducis) tota legatio tamquam ludibrium et insipidum quoddam in auribus ipsorum (scil. principum) habita est; non intendens nisi ducem funditus extirpare, qualiacumque et quantacumque emendationis obtulisset obsequia. Nam aliquando se in Apuliam iturum pollicebatur, ut eandem terram suo redderet dominio, imperatricem honorifice reduceret, quae omnia tamquam nihilum et inane reputata sunt ei. — Schwartz 39, Anm. 6 hat den schlagenden Beweis für die Richtigkeit seiner Auslegung übersehen, die Uebersetzung der ann. Stederburg in der Braunschweiger Reimchronik v. 4021 ff. (M. G. Deutsche Chroniken II. 610): her bot im dhenest harte groz, — des her alles kleyne genoz; — her wolte varen an Pullelant — und iz mit ellenthaphter hand — im zo dheneste bringhen; — her wolte auch danach ringhen — mit vil kreftelichen sinnen, — daz her dhe keyserinnen — loste, ave her mochte. — We weynich dhes alles rochte — Heynrich, der keyser riche!

[2]) v. Heinemann 28, vor allem gestützt auf ann. Stederb. 224: isti (sc. principes) ergo ab imperatore sequacem postulabant exercitum, certum eum reddentes, sine gravi difficultate se duci posse praevalere ... Nolentem etiam impellebant imperatorem, qui longa mora, sine effectu ampullas minarum terroremque sui adventus praeambulare fecit ... Dem widersprechen allerdings die Worte: non intendens nisi ducem funditus extirpare (s. Anm. 1.). Man musste intendens auf den Kaiser beziehen, so wenig das grammatikalisch begründet war. Auch die inhaltliche Schwierigkeit wäre gehoben, wenn man lesen dürfte: in auribus ipsorum (sc. principum) habita est, non intendentes ...

beide hafteten zu sehr an der Darstellung Toeches,[1]) dass Heinrich VI. sich an den Welfen rächen, sie völlig niederwerfen wollte, als dass sie aus ihrer richtigen Interpretation die Folgerungen für die Politik des Kaisers hätten ziehen können. Denn bedeutsam ist nicht nur, dass Heinrich der Löwe den Frieden wünschte und der Kaiser ihn gewähren wollte, sondern auch der Preis, den der Welfe für hoch genug hielt, um dafür auf Versöhnung hoffen zu können. Es war die Heeresfolge nach Italien!

Im Frühjahr 1192 erschienen seine Gesandten am kaiserlichen Hofe, seine Schuldlosigkeit zu beteuern und, als Sühne für den Treubruch des Sohnes, eine Heerfahrt nach Apulien zur Unterwerfung des Landes und zur Befreiung der Kaiserin zu versprechen.

Heinrich VI. war im Frühjahr 1192 damit beschäftigt, für Berthold von Kunigsberg, den er zum Legaten in Italien und Apulien bestimmt hatte, ein Heer zu rüsten; er selbst wollte ihm nach Ordnung der deutschen Angelegenheiten folgen.[2]) Die Bistümer waren seinen Wünschen gemäss besetzt worden; auch die erledigten Herzogtümer hatte er vergeben. Zu Pfingsten sollte die feierliche Belehnung seines Bruders Konrad mit dem Herzogtum Schwaben, des jungen Ludwig von Wittelsbach mit Baiern und des Herzogs Leopold mit Steiermark stattfinden.[3]) Sobald der Friede mit den Welfen geschlossen war, konnte der Kaiser mit allen Kräften des Reichs den Kampf gegen Tankred aufnehmen. Er war daher bereit, mit Heinrich dem Löwen zu unterhandeln, als dieser selbst, mit politischem Scharfblick die Lage des Kaisers

---

[1]) Toeche 210. 215. 234.
[2]) Siehe oben S. 8.
[3]) Contin. chronic. Weingart. cod. 2. 479; Cuonradi Schirens. Ann. (SS. XVII, 631); Ansberti hist. de expeditione Friderici (Oestr. Gesch. Q. Abt. I, Bd. V, 79); chron. Magni presbyteri (SS. XVII, 519). Die cont. Weingart. nennt irrtümlich Mainz, die drei andern Berichte geben übereinstimmend Worms als Ort des Reichstages. (Vgl. Toeche 214.)

überschauend, ihm seine Unterstützung auf dem italienischen Zuge anbot.

Den sächsischen Fürsten aber lag mehr daran, endlich der Gefahren überhoben zu werden, die ihnen immer von dem unruhigen Herzoge zu drohen schienen. Sie erinnerten den Kaiser, der das Mistrauen gegen die Welfen nie ganz verlor,[1]) an ihre Treulosigkeiten und wiesen auf die günstigen Aussichten hin, die unter den augenblicklichen Verhältnissen der Kampf gegen sie habe. Nur ihre völlige Vernichtung werde sie hindern, den Frieden zu brechen. Lange widerstrebend gab der Kaiser doch endlich nach und versprach, selbst ein Heer gegen den Herzog zu führen. Am 24. Mai wurde auf dem Reichstage zu Worms der junge Heinrich von Braunschweig in die Acht des Reiches erklärt.[2])

Am 11. Juni versammelten sich die sächsischen Fürsten bei Leiferde an der Oker mit ihren Truppen. Vergeblich aber harrten sie des Kaisers, ohne den sie trotz der Hülfe, die ihnen der Abfall des Vogtes Ludolf von den Welfen brachte, nicht in ein entscheidendes Gefecht einzutreten wagten. Zwei Monate vergingen unter Verwüstungen des Landes und Plünderungen der Dörfer, bis Probst Gerhard von Steterburg am 18. August einen sechswöchentlichen Waffenstillstand mit Heinrich dem Löwen vereinbarte.[3])

Man hat das auffallende Zögern Heinrichs VI. nicht zu erklären vermocht.[4]) Wer die Kräfte erwägt, die ihm damals zur Verfügung standen, der wird mit den Fürsten die Ueberzeugung hegen, dass ein Unternehmen gegen die jeder Unterstützung entbehrenden Welfen von Erfolg begleitet sein musste.

---

[1]) Vgl. z. B. das Schreiben des Kaisers an Bernhard v. Sachsen 1194 dec. 4. (St. 4889; gedr. Stumpf, acta imperii 708): de eo quod H. ducem de Brunswic te infestare asseris dicimus quod satis credimus ut ad antiquam et solitam recurrat consuetudinem.
[2]) Cont. chron. Weingart. cod. 2. 479.
[3]) Ann. Stederburg. 225.
[4]) Toeche 215 begründet es mit den Lütticher Wirren. Das kann nicht wohl sein, da diese erst im August das Eingreifen des Kaisers nötig erscheinen liessen.

Das konnte dem Kaiser selbst nicht entgehen. So steigt die Vermutung auf, dass er den Sieg nicht gewollt habe.

Ob er voraussah, dass Heinrich der Löwe, wie bisher, immer von neuem nach der Niederlage sich zum Kampfe erheben würde? ob er deshalb einen billigen Frieden selbst dem siegreichen Kriege vorzog?

Jedenfalls ist es höchst bemerkenswert, dass Heinrich VI., statt nach Sachsen zu eilen, sich in Schwaben mit den italienischen Angelegenheiten beschäftigte. Am 9. Juni schloss er zu Würzburg das Bündnis mit Cremona und Como, am 26. Juli zu Gelnhausen den Vertrag mit Brescia, die, scheinbar unvereinbar mit einander, eben dadurch für einen zweiten Zug nach Sicilien die grösste Bedeutung hatten.[1]

In der zwischen dem Abschlusse beider Verhandlungen liegenden Zeit besuchte Heinrich mit seinem Bruder Conrad die schwäbischen Stammlande, doch wohl, um dem neuen Herzoge huldigen zu lassen. Es mochte gleichsam eine Heerschau über den Kern der staufischen Macht sein, über die schwäbische Ministerialität.[2]

Ein Jahr war seit der Niederlage vor Neapel verflossen. In der Lombardei war die Ruhe hergestellt, waren die Städte dem Kaiser verbündet. In Deutschland standen die Fürsten, geistliche wie weltliche, ihm zur Seite. Zwar hatte Heinrich, dem Drängen der sächsischen Bischöfe weichend, in den Krieg gegen Heinrich den Löwen gewilligt; sein Säumen schien jedoch den erwünschten Frieden herbeizuführen.

Nicht auf die Unterwerfung Mailands und auf die Vernichtung der Welfen sann der Kaiser, wie Toeche von ihm annimmt. Ein und derselbe Gedanke leitete seine Handlungen in Deutschland und in Oberitalien: seine Stellung so zu festigen, dass er die Heerfahrt nach Sicilien mit der denkbar grössten Aussicht auf Erfolg antreten konnte.

Die Politik Heinrichs VI. war eine andere als die seines

---

[1] Siehe oben S. 15.
[2] Vgl. die Zeugenreihen von St. 4747—4759.

Vaters. Friedrichs I. Kämpfe mit den lombardischen Städten, mit Heinrich dem Löwen, mit Philipp von Köln galten der Unterdrückung der selbständigen Gewalten zur Stärkung der königlichen Macht. Heinrich VI. war geneigt, selbständige politische Kräfte anzuerkennen, wenn sie als solche sich ihm unterwerfen, seinen Plänen dienen wollten. Daraus erklären sich seine Privilegien für die lombardischen Städte, daraus seine Nachgiebigkeit gegenüber den deutschen Fürsten, seine Versöhnlichkeit gegenüber den Welfen. Dank diesem Verhalten schien der Kaiser im Herbst 1192 seinem Ziele nahe, als der Mord des Bischofs Albert von Lüttich und die Gefangennahme König Richards von England neue, schwerere Verwickelungen heraufbeschworen, welche ihn in Deutschland zurückhielten.

III.

Die Fürstenempörung.

Tiefe innere Gegensätze gegen ein herrschendes politisches System haben eine längere, den Blicken entzogene Entwickelung hinter sich, ehe sie, zerstörend oder selbst neu schaffend, wirksam in den Lauf der Dinge eingreifen. Nur hin und wieder verkündet Wetterleuchten den Ausbruch des Gewitters. So ging den Stürmen der Kämpfe Philipps von Schwaben und Ottos von Braunschweig die Fürstenempörung des Jahres 1193 voran.

Die Ursachen der Erhebung aufzudecken, die Teilnehmer daran festzustellen, ist wegen der Rückschlüsse auf die Politik des Kaisers wichtig. Bisher[1]) glaubte man, dass die sächsischen Fürsten, erregt über die Treulosigkeit Heinrichs, der ihnen die versprochene Hülfe gegen die Welfen nicht brachte, im Herbst 1192 zu einer Verschwörung gegen ihn zusammengetreten seien. Die Ermordung des Bischofs Albert habe das übrige Deutschland gegen den Kaiser in Bewegung gebracht, der, hülflos, im Anfang Dezember mit den sächsischen Grossen verhandeln musste, während die rheinischen und welfischen Gegner durch die Ergreifung König Richards von jedem Vorgehen gegen Heinrich VI. zurückgehalten wurden, bis auch sie im Sommer 1193 sich mit ihm aussöhnten.

---

[1]) Toeche 288 ff. Schwartz 21 ff. Ebenso auch noch Heyck, Geschichte der Herzöge von Zähringen 1891. S. 437 ff.

Von einer Empörung der sächsischen Fürsten berichten indessen nur die Reinhardsbrunner Annalen,[1]) und auch diese nur als von einer Verläumdung. Nach ihnen soll Albrecht von Meissen dem Kaiser Mitteilung gemacht haben von einer gegen das Leben desselben gerichteten Verbindung der sächsischen Fürsten unter Landgraf Hermann von Thüringen. Um dem Markgrafen seinem Verlangen gemäss Gelegenheit zu geben, die Anklage im Zweikampfe zu beweisen, berief Heinrich einen Reichstag nach Nordhausen, verlegte denselben jedoch nach Altenburg. Er sprach den Landgrafen frei, beschuldigte Albrecht der Lüge; als aber beide sich hinter seinem Rücken, unter Vermittlung Herzog Bernhards von Sachsen, aussöhnten, verliess er, darüber erschreckt, geheimes Einverständnis fürchtend, das östliche

---

[1]) Ann. Reinhardsbr. (ed. Wegele, Thüring. Geschichtsquellen I, 64): Adelbertus marchio, contempta fidei date conniventia, ad erroris arma denuo revertitur, illud proponens in consistorio principis Romanorum, quod, prestito sibi et principibus aliis sacramento, Hermannus, Thuringorum lantgravius, imperatorem ipsum deberet clam occidere, sicque, pacatis ad invicem principibus, unusquisque suis facultatibus libere potiretur. Atque idem illud adiciendum putavit, quod si lantgravius contra prestitum sacramentum venire et inficiari quod dictum est, voluisset, ipse marchio ad obiectum monomachie se fidem dictis a se facturum promisit imperio, ita videlicet, quod nec in posterum validum totius credulitatis robur acciperet, qui in hoc certamine dei auxilio victor existeret. Hoc audito Heinricus imperator universis principibus in Northusin cum peremtoriis edictis curiam prefigit, ut Adelbertus marchio, quod de iniquo molimine contra maiestatem imperialem dixerat esse faciendum, proponeret in publico, quodque in aurem locutus fuerat, palam et manifeste monomachiam exhibendo protestaretur. Sed cum lantgravius litteras huiuscemodi super nece imperatoris accepisset, ad probandam innocentiam suam cum marchione congredi poterat, paratisque sumptibus in Northusen cum liberis et ministerialibus et universorum suorum copia hilaris et gaudens mendaci principi parat occurrere, omnino non hesitans, quod marchionis iugulo debeat gloriosus triumphator imminere. Pensata itaque lantgravii constantia, dominus imperator curiam illam propositam transponit in Aldenborg, opponensque calumpnie crimen marchioni, lantgravium criminis lese maiestatis publica voce declaravit esse innoxium, atque ita mediante Bernhardi ducis prudenti consilio, predicti principes inscio imperatore ad pacem rediere. Porro de repentina et insperata illorum concordia anxius imperator orientalem Saxoniam deseruit et circa tutiores Rheni partes castra metatus est.

Sachsen und begab sich in die sichereren Gegenden des Rheins.

Abel,[1]) der zuerst auf diesen Bericht aufmerksam gemacht hat, zweifelte an dem Plane einer Ermordung des Kaisers, während Toeche[2]) und Schwartz[3]) die Anklage Albrechts in ihrem ganzen Umfange für wahr hielten. Cohn[4]) und Martens[5]) haben die Fürstenempörung als eine Erfindung des Markgrafen angesehen und darauf hingewiesen, dass die Annalen, unsere einzige Quelle, die Denunciation ausdrücklich als Lüge bezeichnen.

Man könnte demnach mit Fug und Recht denen, welche an die Wahrheit der von Albrecht erhobenen Beschuldigung glauben, den Beweis dafür zuschieben; man könnte ihnen zugleich die Pflicht auferlegen, die Entstellung der Thatsachen zu begründen, welcher sie den Annalisten zeihen würden. Da es jedoch für das Urteil über Heinrichs VI. Auftreten gegen die deutschen Fürsten von wesentlicher Bedeutung ist, ob er durch eine rücksichtslose Politik selbst seine treuesten Anhänger — und das waren die sächsischen Bischöfe — zum Abfalle zwang, liegt es im Interesse dieser Untersuchungen, nachzuweisen, dass der Mönch von Reinhardsbrunn berechtigt war, von einer lügenhaften Anschuldigung gegen Landgraf Hermann zu sprechen, und dass von einer Fürstenempörung in Sachsen im Herbst 1192 nichts bekannt ist.

1. Zunächst wird man versuchen, die in den Annalen geschilderten Vorgänge zeitlich zu bestimmen. Aus den Urkunden (St. 4774—4789) ergiebt sich folgendes Itinerar des Kaisers: 4. Okt. Sinzig. — 21. Okt. Nordhausen.[6]) — 27. Okt.

---

[1]) Abel, König Philipp der Hohenstaufe. 1852. S. 306.
[2]) Toeche 553.
[3]) Schwartz 21. 41.
[4]) Gött. Gel. Anz. 1867. S. 1540.
[5]) Martens, die Annales Reinhardsbrunnenses als Quelle für die Geschichte Heinrichs VI. 1868. S. 81 f.
[6]) St. 4775; gedr. Wilmanns, Kaiserurkunden der Provinz Westfalen II, 843. Man hat bisher nicht gewagt, diese Urkunde unbedingt zu verwerten, da ihre Datierung in den früheren, nicht

Burg Herzberg. — 4. Nov. Mühlhausen. — 17. Nov., 20. Nov., 1. Dez. Altenburg. — 8. Dez. Merseburg. — 14. Dez. Allstedt. — 18. Dez. Nordhausen.¹) — 25. Dez. Eger (chron. reg. Colon. 155). — 1193, ian. 6. Regensburg (chron. Magni Presbyteri SS. XVII, 519).

Zwei in enger Verbindung stehende Schwierigkeiten erheben sich: fand der Reichstag zu Nordhausen während der ersten oder der zweiten Anwesenheit Heinrichs dort statt? in welche Zeit muss die Reise nach dem Rhein gesetzt werden?

Da der Kaiser von Altenburg aus sich an den Rhein begeben haben sollte, aber nach dem 1. Dezember noch bis zum

---

auf das Original zurückgehenden Drucken Bedenken erregte (Toeche 554; Schwartz 42). Die Daten des Originals weisen völlig übereinstimmend auf 1192. Die ind. XI, bei Stumpf mit sic! vermerkt, kann nicht auffallen. In den Jahren 1190 und 1191 schwankt der Epochentag in der kaiserlichen Kanzlei; seit 1193 ist die Septemberindiktion durchaus überwiegend.

Dass Ludolf von Magdeburg archiepiscopus genannt wird, obwohl er erst Pfingsten 1193 geweiht wird, führt Wilmanns darauf zurück, dass die Zeugen erst später hinzugefügt wurden. Vgl. Kohlmann, Erzbischof Ludolf von Magdeburg. Hall. Diss. 1885. S. 16. Vielleicht liegt auch ein Schreibfehler statt des ungewöhnlichen archielectus (St. 4788) vor.

Als Zeugen werden aufgeführt: Ludolf von Magdeburg, die Bischöfe von Merseburg, Halberstadt, Hildesheim, Bernhard von Sachsen, Albert von Meissen, sein Bruder Dietrich und eine Anzahl sächsischer Edler. Einen Beweis für die Anwesenheit der hervorragendsten unter ihnen zu Nordhausen liefern die ann. Stederburg. 226. Sie berichten, dass die Anstifter des Kampfes gegen die Welfen zum Kaiser eilten; als solche nannten sie die Bischöfe von Halberstadt und Hildesheim und den Abt Widukind von Korvei, für den St. 4775 ausgestellt ist.

¹) St. 4789; gedr. Schlesw. Holst. Regesten I, n. 174. Von den vorsichtigen Zweifeln, die Schirren (Beiträge zur Kritik älterer holst. Geschichtsquellen 216) gegen diese Urkunde äussert, könnte ernsthafter in Betracht gezogen werden nur der, dass einmal aliquis fidelium meorum statt des richtigen nostrorum gesagt wird (siehe den Druck bei Böhmer, acta imp. 169 aus Noodt, Beiträge.) Die bei den Bollandisten erhaltene Abschrift liest an dieser Stelle nostrorum, dafür aber an einer andern meorum. Es ist daher klar, dass die Schreibart der Abschrift, auf welche beide Ueberlieferungen zurückgehen, die Lesung meorum statt nostrorum begünstigt und verursacht haben muss.

18. in Sachsen nachweisbar ist, glaubten Abel und Martens die Denunciation Albrechts mit dem Aufenthalte Heinrichs in Nordhausen am 18. Dezember verknüpfen zu müssen. Abel[1]) nahm darnach noch einen zweiten Altenburger Tag an und liess diesem den Aufbruch zum Rheine folgen. Martens[2]) erkannte die Unmöglichkeit, beides zwischen dem 18. und 25. Dezember, an welchem der Kaiser schon in Eger war, einzureihen; so brachte er — nicht ohne mit sich selbst mehrfach in Widerspruch zu geraten — das kritische Kunststück fertig, aus dem Texte der Reinhardsbrunner Annalen zu beweisen, dass ein Reichstag zu Altenburg überhaupt nicht stattgefunden habe! Unter dem Aufenthalt des Kaisers am Rhein verstand er dessen Anwesenheit am Oberrhein im März 1193.

Doch zeigte Toeche[3]), dass nicht ein Reichstag zu Nordhausen, wohl aber derjenige zu Altenburg abgehalten worden sei. Und weil eine Reise in die „sichereren" Rheingegenden nur vor der Ermordung des Bischofs von Lüttich möglich gewesen sei, so stellte er im Anschluss an die Ausführungen Cohns[4]) auf, dass der Kaiser am 20. November Altenburg verliess, aber nach Beginn der Unruhen, welche die Gewaltthat vom 24. November am Rhein hervorrief, sogleich von dort nach Sachsen zurückeilte und schon am 1. Dezember wieder zu Altenburg mit den sächsischen Fürsten über eine Versöhnung verhandelte.

Schwartz[5]) betonte die innere Unwahrscheinlichkeit dieser Darstellung und erklärte es für unmöglich, dass der Kaiser so schnell den Weg nach dem Rhein habe zurücklegen können; der Aufenthalt in Altenburg dürfe nicht unterbrochen werden; zwischen dem 17. November und dem 1. Dezember habe der Kaiser dort mit den Fürsten getagt und über die Anklage

---

[1]) Abel 306.
[2]) Martens 24.
[3]) Toeche 554.
[4]) Gött. Gel. Anz. 1858. S. 2030.
[5]) Schwartz 42 ff.

Albrechts von Meissen entschieden. Um die Annalen mit dem Itinerar in Einklang zu bringen, schlug er vor, statt tutiores Rheni partes zu lesen: tutiores regni partes. Dadurch wurde die Reise an den Rhein beseitigt.

Wenck,[1]) der gelegentlich auf die Fürstenempörung zu sprechen kommt, entnahm mit feinem Gefühl den widersprechenden Ansichten das Richtige. Mit Martens wies er überhaupt zurück, dass die sächsischen Fürsten sich gegen den Kaiser verschworen hätten; Schwartz stimmte er darin zu, dass Heinrich vom 17. November bis zum 1. Dezember fortdauernd in Altenburg gewesen sei. Allein er hält sich nicht von Widersprüchen frei: er lässt den Kaiser nach Altenburg gehen, wo derselbe sich „inmitten eines staufischen Allodialbesitzes sicher fühlen konnte", so dass er doch Befürchtungen gehegt haben muss. Und er nahm der Beweisführung von Schwartz ihre kräftigste Stütze, indem er, unter Ablehnung der Textänderung regni, meinte, dass Heinrich nicht notwendig bis in die Rheinlande gekommen sein müsse. Ein Aufbruch dahin kann indess ebenso vom 20. November bis 1. Dezember wie vom 18. bis 25. Dezember erfolgt sein, so dass eine sichere zeitliche Festsetzung der Ereignisse, die der Reinhardsbrunner Annalist erwähnt, erst recht unmöglich erscheint. Wenck deutet sogar an, dass die Erzählung von der Anklage, die Albrecht gegen den Landgrafen erhob, eine freie Erfindung des Geschichtsschreibers sein könne.

Nach alledem wird man begreifen, wenn ich in einer gewissen Scheu von dem Berichte der Reinhardsbrunner Geschichtsbücher ganz absehe und nicht versuchen will, die Worte: circa tutiores Rheni partes castra metatus est, die der bisherigen Forschung geradezu verhängnisvoll geworden sind, für eine Zeitbestimmung zu verwerten. Es soll vielmehr mit Hülfe anderer, bisher völlig vernachlässigter Nachrichten das „undurchdringliche Dunkel" gelichtet werden, das über dem

---

[1]) Wenck, ein meissnischer Erbfolgekrieg am Ende des 12. Jahrhunderts (Zeitschrift f. Thüring. Gesch. Neue Folge II, 204 ff.).

Aufenthalt des Kaisers in Sachsen ruht. So wird man festen Boden für die Beurteilung der Annalen gewinnen.

2. Toeche[1]) sah in der Mitteilung Albrechts an den Kaiser die Ursache dafür, dass Heinrich sich im Oktober vom Niederrhein aus nach Sachsen begab. Dem scheint nicht so. Denn als der Kaiser durch die Lütticher Bischofsangelegenheit so lang in Anspruch genommen wurde, dass er nicht mehr vor Ablauf des bis Michaeli zwischen den sächsischen Fürsten und den Welfen abgeschlossenen Waffenstillstandes nach Sachsen kommen konnte, sandte er seinen Oheim, den Pfalzgrafen Konrad, dorthin. Konrad sollte die Waffenruhe verlängern und den Vogt Ludolf, der vorher nicht darin einbegriffen war, in dieselbe aufnehmen.[2]) Daraus darf geschlossen werden, dass der Kaiser, nachdem er am Niederrhein Ruhe gestiftet, die sächsischen Kämpfe beilegen wollte.

Dafür spricht auch, dass sich zu Nordhausen am 21.Oktober die Führer im Kriege gegen die Welfen, die Bischöfe von Hildesheim und Halberstadt, Abt Widukind von Corvei und Herzog Bernhard von Sachsen bei Heinrich VI. einfanden.[3]) In welcher Richtung sich die Verhandlungen bewegten, mit welchem Ergebnisse sie schlossen, darüber allerdings ist nichts überliefert.

---

[1]) Toeche 238.
[2]) Ann. Stederburg. 226: in hac pace Ludolfus non est inclusus, quem postea palatinus Rheni, cum apud Brunsvick eandem pacem protelaret, magno labore inseruit. Schwartz 19 hat zuerst die Bedeutung dieser von Toeche nicht beachteten Worte erkannt, allerdings ohne in seiner Ueberzeugung wankend gemacht zu werden, dass der Kaiser den Vernichtungskampf gegen die Welfen gewollt habe. Heinemann 39, dem leider die Arbeit von Schwartz unbekannt geblieben ist, identificierte diese Anwesenheit des Pfalzgrafen Konrad in Braunschweig mit derjenigen im Anfang 1194. Die Worte der Stederb.: Ludolfus advocatus cum his qui ad eum pertinebant, ante praefixum diem primus irrupit, die sich auf einen Angriff Ludolfs Ende 1192 oder Anfang 1193 beziehen, beweisen aber, dass Ludolf damals den Waffenstillstand, in den er vorher eingeschlossen worden sein muss, brach. Vgl. Braunschw. Reimchr. v. 4127 ff.
[3]) St. 4775. Siehe oben S. 34, Anm. 6.

Nachdem der Kaiser einige Wochen in der Nähe Nordhausens zugebracht hatte,[1]) wandte er sich nach Altenburg, wo er vom 17. November bis zum Anfang Dezember weilte. Dort erschienen die Herzöge von Böhmen und Oesterreich, sowie Graf Albert von Bogen.[2]) Schon im August hatten Herzog Ottokar und Graf Albert einen Einfall in das Gebiet Herzog Ludwigs von Baiern unternommen; im Oktober vermehrte die Fehde Herzog Leopolds mit den Grafen von Ortenberg die Unsicherheit im südöstlichen Deutschland. Der Chronist von Reichersberg berichtet, dass der Kaiser im Anfang Dezember die Gegner zum Friedensschlusse zwang und ihnen auf den 6. Januar 1193 einen Reichstag nach Regensburg ansetzte.[3]) Es kann kaum einem Zweifel unterliegen, dass diese

---

[1]) St. 4776. 1192, oct. 27 Burg Herzberg. — St. 4777. nov. 4 Mühlhausen.
[2]) Vgl. die folgenden Urkunden:
St. 4780. 1192, nov. 17 Altenburg. Zeugen: Heinricus Prag. episcopus, Bertholdus Ciz. episcopus.
St. 4785. 1192, nov. 20 Altenburg. Zeugen: Heinricus Prag. episcopus, Rudolfus Verdens. episcopus, Bertholdus Nuwenburg. episcopus, Eberhardus Merseburg. episcopus, Lanfrancus Bergam. episcopus, Cunradus dux Suevorum, Liupoldus dux Austrie, Albertus marchio Misnensis, Conradus marchio de Landesperc, Sifridus comes de Orlamunde, Albertus comes de Bogen, Robert de Durne, Cuno de Minzenberg, Tiemo de Colditz.
St. 4786. 1192, dec. 1 Altenburg. Anwesend: Heinricus Prag. episcopus, Bertholdus Nuwenburg. episcopus, Tiedericus episcopus Misnensis, Conradus dux Suevorum, Sigefridus comes de Orlamunde, Albertus marchio Misnensis et frater eius Tiedericus, Albertus comes de Werningerode, Robert de Durne, Walterus de Arnestede, Meyner de Werben, Albertus de Droitz, Cuno de Minzenberg, Heinricus de Callendin.
Hierher gehört nach Ficker, Beitr. z. Urk. Lehre I § 103 die Zeugenreihe von St. 4746. 1192. iuni 1. Gelnhausen: Heinricus episcopus Prag., Tiedericus episcopus Misnensis, Odoaker dux Bohemie, Albertus marchio Misnensis, Tiedericus comes de Weissenfels, Sigefridus comes de Durne, Rupertus de Durne, Albertus de Droitz, Cuno de Minzenberg, Marquard —, Heinricus de Wyda.
[3]) Magni presb. annales Reichersperg. (SS. XVII, 519: inbente imperatore pax facta et confirmata est inter eosdem principes intrante mense decembrio, 8. idus eiusdem mensis, indicta curia generali Ratisponae 8. idus Januarii.

Anordnungen zu Altenburg erfolgt sind. Die Absicht, zwischen den süddeutschen Fürsten zu vermitteln, bewog den Kaiser, sich von Nordhausen in die Nähe der bairisch - böhmischen Grenzen, nach Altenburg, zu begeben.

Ausserdem aber regelte Heinrich ebendort den Erbfolgestreit des Markgrafen Albrecht von Meissen mit seinem Bruder, dem Grafen Dietrich von Weissenfels. Dieser hatte, von dem Landgrafen Hermann von Thüringen unterstützt, im Anfang des Jahres 1192 Albrecht zu einem Ausgleiche gezwungen. Im Interesse Albrechts war sein Oheim, Herzog Bernhard von Sachsen, thätig. Der Kaiser traf seine Entscheidung nach dem Gutachten der sächsischen Fürsten zu Altenburg.[1])

Anfang Dezember ging Heinrich wieder westwärts, nach Nordhausen zurück.[2]) Eine dort für das Kloster Segeberg

---

[1]) St. 4889. 1194, dec. 4 Palermo. Heinrich VI. schreibt an den Herzog Bernhard von Sachsen: ad ea autem quae super facto Alberti marchionis postulasti, devotioni tue respondentes dicimus, quod Magdeburgensi archiepiscopo et aliis, qui colloquio apud Altgiburg intererant, loquaris et nos secundum illorum consilium tuo precipue interventu in graciam nostram eum recipiemus.

Vgl. dazu die vorige Anm. und die Zeugen von St. 4787. 1192, dec. 8 Merseburg: Bertoldus Nuwenburgensis episcopus. Eberhardus Merseburg. episcopus, Conradus dux Suevorum, Bernhardus dux Saxonie, Hermannus lantgravius Thuringiae, Otto marchio Brandenburgensis, Albertus marchio Misnensis, Conradus marchio de Landesperc, Sigfridus comes de Orlamunde, Albertus comes de Wernigerode, Robertus de Durne, Cuno de Minzenberg, Heinricus de Callendin.

Für den Erbfolgekrieg s. Wenck, a. a. O. 201 ff.

[2]) St. 4787. 1192, dec. 8 Merseburg.

St. 4788. 1192, dec. 14 Allstedt. Luitoldus Magdeburg. archielectus, Sigelous prothonotarius, Conradus prepositus Goslarie, Conradus dux Suevorum, Albertus comes de Wernigerode, Walterus der Arnesteine, Rupertus de Durne, Cuno de Minzenberg, Heinricus marescalcus de Callendin.

St. 4789. 1192, dec. 18 Nordhausen. Heinrich VI. nimmt auf Bitte des Bischofs von Lübeck die Besitzungen des Klosters Segeberg in seinen Schutz und gestattet seinen Getreuen. dem Herzog Bernhard von Sachsen und Grafen Adolf von Holstein, Schenkungen au Lübeck, Segeberg und andere Kirchen zu machen.

Gualterus Troianus episcopus, Wolfgerus Pataviensis episcopus, Conradus dux Suevorum, Albertus comes de Werningerode, Walterus de Arnestein, Rubertus de Durne, Cuno de Minzenberg, Henricus marescalcus de Callendin, Henricus pincerna de Lutra.

ausgestellte Urkunde lässt der Vermutung Raum, dass er auch in die niedersächsischen Verhältnisse eingegriffen habe. Der welfisch gesinnte Erzbischof Hartwig von Bremen, dessen Versuche, in seinen erzbischöflichen Sitz Einlass zu erhalten, vergeblich gewesen waren, hatte die kaisertreuen Bürger Bremens durch den Bann gegen den durch Verwandschaft und Gesinnung ihnen nahestehenden Bischof Dietrich von Lübeck aufs höchste erbittert. Seine Absetzung wurde im Herbst 1192 geplant. An Hartwigs Stelle sollte Bischof Waldemar von Schleswig das Erzbistum erhalten.[1]) Dieser war damals mit seinem Vetter, dem Herzoge von Schleswig, dem Bruder des dänischen Königs, in Streit über Besitzungen, auf welche beide Rechte zu haben glaubten.[2]) Nachdem auch durch den Kardinallegaten Cinthius keine Einigung zu stande

---

[1]) Arn. chron. Slav. V, 11. 21. Toeche 234 lässt ungewiss, in welche Zeit diese Verhandlungen fielen. Gegen die Annahme, dass schon im Sommer 1192 die Absetzung Hartwigs geplant wurde, spricht, dass derselben bei der Anwesenheit des Kardinals Cinthius in Bremen im Sommer 1192 nicht gedacht wird (Arn. chron. V, 11), und vor allem, dass damals Adolf von Schaumburg dessen Vermittelung bei Erzbischof Hartwig erbat. (Jaffé—Löw. 17195.)

[2]) Bischof Waldemar leitete als Vormund seines Vetters die Verwaltung des Herzogtums. Toeche 235 und Usinger (Deutschdänische Geschichte 64) nehmen an, dass er seinen Vetter auch nach erlangter Mündigkeit nicht in den Besitz desselben gelangen lassen wollte. Dem widersprechen ausdrücklich die Worte des späteren Königs Waldemar in seinem Brief an den Papst a. 1205 (Schlesw. Holst. Reg. 246): cum nobis ducatus et haereditas patris nostri redderetur, vicissitudinem dilectionis sincerae in odium et rancorem commutavit; quod et postmodum indiciis nimis evidentibus patefecit.

Usinger setzt die Mündigsprechung des Herzogs Waldemar auf den 28. Juni 1191, aus mir unbekanntem Grunde. Die Ann. Lund. (SS. XXIX, 206) berichten mit andern: 1188. Dux Waldemarus factus est miles 7. kal. Januarii. Auch der Brief Waldemars an Heinrich den Löwen (Nordalbing. Studien I, 83) kann als Beweis dafür gelten, dass der Herzog schon Ende der 80er Jahre selbständig regierte — wenn das Schreiben auch sonst historisch nicht zu verwerten ist. (Siehe Bruno Stehle, über ein Hildesheimer Formelbuch. Strassb. Diss. 1878.)

Ueber die Ursache des Streites zwischen den Vettern siehe Jaffé-Löw. 16938β: cum Waldemarus dux ipsi et ecclesie sue (scil.

gekommen war,¹) hatte Waldemar Hülfe bei den Feinden Dänemarks gesucht, bei dem Grafen Adolf von Schaumburg und dem Markgrafen Otto von Brandenburg;²) Bernhard von Sachsen wird ihrer Verbindung nicht fern gestanden haben.³) Als Vermittler zwischen Waldemar und den Bremern trat wohl Bischof Dietrich von Lübeck auf. Ihn lassen seine Feindschaft gegen Hartwig und sein Einfluss in Bremen einerseits, seine Freundschaft mit dem Grafen Adolf und Herzog Bernhard andererseits ganz besonders geeignet dazu erscheinen.⁴)

Arnold von Lübeck erwähnt die ausdrückliche Zustimmung des Kaisers zu diesem Plane. Und wenn uns im Herbst 1192 Herzog Bernhard und Markgraf Otto am kaiserlichen Hoflager begegnen, wenn am 18. Dezember Bischof Dietrich von Lübeck ein Privileg erwirkt, das auch dem Herzoge von Sachsen und

---

Waldemari episcopi) castra, possessiones, villas ac bona plurima per violentiam abstulisset et multis ex temporibus gravamina intolerabilia irrogasset. . . .

Da es sich um Güter des Bistums handelte, konnte Cinthius in den Streit eingreifen. Ob er allerdings wegen desselben nach Dänemark geschickt wurde (so Toeche 235), erscheint mir zweifelhaft. Ich vermute vielmehr einen Zusammenhang seiner Sendung mit der Flucht des Erzbischofs Erich von Drontheim aus Norwegen. (Sverressaga c. 117 u. 122 in Scripta historica Islandorum VIII. Hafnie 1837 und epistolae Wilhelmi lib. I ep. 24 in Langebek, scriptores rerum Danic. VI, 19). Doch kann das hier nicht weiter ausgeführt werden.

Herrn Professor Holder-Egger schulde ich den ergebensten Dank für die Liebenswürdigkeit, mit der er mir die Aushängebogen des 29. Bandes der M. G. Scriptores zur Einsicht überliess.

¹) Jaffé-Löw. 16938β: licet Cinthius eundem omnino episcopum (scil. Waldemarum) non excuset, qui etiam mandatis eius renuit obedire.

²) Arn. chron. V, 17.

³) Er unternahm am 22. Februar 1193 mit Adolf von Schaumburg einen Angriff auf die Lauenburg. (Vgl. die erste Beilage.) Jedoch ist nicht in jener Zeit Bernhards Ehe mit Jutta von Dänemark geschlossen worden, wie Dehio (Geschichte des Erzbistums Bremen II, 110) berichtet, obwohl schon Cohn, Stammtafeln, Anmerkung zu Tafel 57, den Irrtum nachgewiesen hat.

⁴) Arn. chron. V, 11.

dem Grafen von Schaumburg besondere Rechte einräumt,¹) so ist es nicht unwahrscheinlich, dass damals Heinrich VI. für das Vorhaben der niedersächsischen Fürsten gewonnen wurde und in die Erhebung Waldemars auf den erzbischöflichen Stuhl von Bremen willigte.²). Sie war durchaus im Sinne seiner Kirchenpolitik, die an der Spitze der Bistümer den staufischen Interessen verbundene Männer sehen wollte. Die Wahl hatte allerdings keine Folgen, da Waldemar aus Furcht vor König Knut von Dänemark, der wegen der Verbindung seines Vetters mit auswärtigen feindlichen Fürsten nicht ohne Grund Verdacht schöpfte, nach Norwegen entfloh.³)

Schliesslich ist noch anzuführen, dass Heinrich VI., wie Cohn⁴) scharfsinnig festgestellt hat, während seiner Anwesenheit in Sachsen zu Gunsten des Bischofs Eberhard von Merseburg in dessen Streite mit dem Abte von Pegau einschritt.

Nach dem 18. Dezember verliess der Kaiser Nordhausen

---

¹) St. 4789. Siehe oben S. 40, Anm. 2.
²) Dass Heinrich und die deutschen Fürsten dem Bischof Waldemar zum Bremer Stuhl verhelfen wollten, um seinen Ansprüchen auf die dänische Krone mehr Nachdruck zu verleihen (Toeche 236; Dehio II, 110), und dass Waldemar sogar von Heinrich VI. Dänemark zu Lehen nehmen sollte (Usinger 64), sind haltlose Vermutungen. Es ist ja möglich, dass Waldemar in dem Besitze des Erzbistums Bremen nur ein Mittel sah, die Kräfte zum Kampf gegen König Knut zu sammeln. Den Deutschen wäre ein Fürst, der in Kopenhagen und Bremen herrschte, gefährlich gewesen, während die Uebertragung der erzbischöflichen Würde durchaus ihren antiwelfischen Interessen entsprach. Erst nachdem Waldemars Flucht die Lage völlig verändert hatte, kam 1193 der Krieg gegen Dänemark in Frage. Man kann daher im Herbst 1192 nicht von den „kühnen Plänen" und dem „gewagten Spiele" Heinrichs VI. reden, und alle Folgerungen, die Toeche 234 ff. aus dem Scheitern derselben zieht, sind vollständig hinfällig.
³) Arn. chron. V, 21. Jaffé-Löw. 16938β. Nicht ohne Interesse ist, dass unter allen über Waldemar erhaltenen Nachrichten er als Erzbischof von Bremen bezeichnet wird nur in den Isländischen Annales regii (Islandske Annales ed. G. Storm. Christiania p. 120.)
Ueber die Datierung der für die Geschichte Waldemars überaus wichtigen Briefe bei Jaffé-Löw. 16938, 16938α und β siehe die zweite Beilage.
⁴) Cohn, Pegauer Annalen. 1858. S. 40.

und Sachsen, um sich zu dem Reichstage nach Regensburg zu begeben. Das Weihnachtsfest feierte er auf dem Wege dorthin zu Eger. Eine vielseitige Thätigkeit hatte er in Sachsen entfaltet. Auf Grund des Einblicks, den wir in dieselbe erhielten, können wir eine Prüfung der Reinhardsbrunner Annalen vornehmen.

3. Markgraf Albrecht mag dem Kaiser in Nordhausen, wo er am 21. Oktober erschien, die Mitteilung von der Verschwörung der sächsischen Fürsten gemacht haben. Mit peremtorischer Ladung soll Heinrich den Landgrafen nach Nordhausen berufen haben, damit er sich dort vor ihm und dem Reichstage verantworte: in der That hielt sich der Kaiser bis in den Anfang November in der Umgebung der Reichsstadt auf.

Als er erfuhr, dass Hermann von Thüringen sich bereitwillig rüste, dem Befehle Folge zu leisten, verlegte er die angesagte Versammlung nach Altenburg. So berichtet der Annalist. Und wirklich zeigen die Urkunden vom 17. November an den Kaiser in diesem Ort. Aber nicht Furcht vor dem Landgrafen, wie es in der Erzählung scheint, riefen ihn dorthin, sondern die politischen Verhältnisse: die Nachricht von der im Oktober ausgebrochenen Ortenburger Fehde machte ihm jedenfalls die Ordnung der süddeutschen Angelegenheiten wichtiger als die unwahrscheinliche Anklage des meissnischen Markgrafen.

Diese soll in Altenburg erledigt worden sein, was recht wohl mit der Thatsache vereinbar ist, dass dort die Streitigkeiten um das Erbe Albrechts geschlichtet wurden. Auch die vermittelnde Rolle Herzog Bernhards ist genugsam beglaubigt. Allein unrichtig ist es, dass, den Annalen zufolge, der Vergleich zwischen Markgraf Albrecht und dem Landgrafen ohne Wissen des Kaisers herbeigeführt wurde, so dass dieser, erschrocken über die Aussöhnung und gegen den Herzog Verdacht schöpfend, Sachsen verliess. Vielmehr gewährte Heinrich VI. noch am 18. Dezember seinem „getreuen Herzoge" Bernhard gewisse Rechte, und er blieb ruhig in Sachsen, bis er nach Regensburg ziehen musste.

Wohl aber hatten sich Anfang Dezember die Fürsten von ihm getrennt; nur mit geringem Gefolge war der Kaiser über Allstedt westlich nach Nordhausen gegangen. Das hat vielleicht die Nachricht von jener vielberufenen Reise an den Rhein veranlasst, welche die Reinhardsbrunner Annalen fälschlich melden. Der Irrtum wird erklärlich aus der Fassung ihres von Tendenz nicht freien Berichtes.

Ihre Erzählung lässt sich durchaus in den Rahmen der Thatsachen einfügen, die für den Aufenthalt des Kaisers in Sachsen festgestellt werden konnten. Dass die Annalen von diesen gar nichts sagen, ist für sie charakteristisch. Sie berichten nur das, was den Landgrafen angeht. Er allein erregt ihr Interesse. Ueber ihn, den sie verherrlichen wollen, geht ihr Gesichtskreis nicht hinaus Von ihm leiten sie alles Geschehen, selbst am kaiserlichen Hofe, ab: Die Rüstungen des Landgrafen treiben den Kaiser nach Altenburg; seine Versöhnung mit Albrecht veranlasst Heinrich gar zur Flucht aus Sachsen. Diese Motive für die Handlungen Heinrichs VI. sind verkehrt. Der beschränkte Standpunkt des Reinhardsbrunner Mönchs hinderte ihn, die Ursachen der Ereignisse zu erkennen, die er verzeichnete nur soweit sie ihm wichtig erschienen, soweit sie nämlich für die Geschichte des Landgrafen Hermann von Bedeutung waren. Darin stimmt er so mühelos zu dem anderweit Bekannten, dass der von Wenck ausgesprochene Verdacht, die Denunciation sei von dem Annalisten erfunden, als unbegründet zurückgewiesen werden darf.

4. Nachdem die Annalen mit den übrigen Nachrichten in Einklang gebracht worden sind, bleibt der Nachweis zu führen, dass die Anklage Albrechts auf Verläumdung beruhte.

Schon Martens[1]) hat richtig hervorgehoben, dass die Annalen keinen Grund gehabt hätten, zu leugnen, dass wirklich eine Verschwörung bestand; denn unmittelbar darauf

---

[1]) Martens 82.

sprechen sie von der Teilnahme des Landgrafen an einer andern Empörung.

Während der zwei Monate, die Heinrich im Lande blieb, kamen fast alle geistlichen und weltlichen Fürsten Sachsens an den Hof; nirgends aber ist eine Spur feindlicher Anschläge. Es ist undenkbar, dass eine Verschwörung, die in ihren Zielen vor dem Aeussersten nicht zurückschreckte, den Kaiser so lange in ihrer Mitte weilen liess, ohne den schwächsten Versuch sich seiner zu bemächtigen.

Der Kaiser glaubte nicht an die Wahrheit der Angaben Albrechts. Mitten unter den sächsischen Fürsten erteilte er ihnen als seinen treuen Anhängern Privilegien, entschied er nach ihren Wünschen. Unbekümmert um die Gefahren, die ihn umgeben haben sollen, verhandelte er im Oktober zu Nordhausen über die Beziehungen zu den Welfen, im November zu Altenburg über die Fehden im südlichen Deutschland. Den Streit zwischen Markgraf Albrecht und seinem Bruder entschied er sogar nach dem Urteil derer, die seine Feinde gewesen sein sollen.

Ich fasse noch einmal alle Momente zusammen. Die Reinhardsbrunner Annalen sind die einzige Quelle, die über eine Fürstenempörung in Sachsen berichtet. Sie selbst halten Albrechts Erzählung darüber für erlogen. So dachte auch der Kaiser. Hätte eine Verschwörung bestanden, so würde das Verhalten Heinrichs VI. und das der Fürsten gänzlich unverständlich sein. Die Annahme einer Empörung ist schlechthin unvereinbar mit allem, was sich aus den andern Urkunden und Berichten über den Aufenthalt des Kaisers in Sachsen ergiebt.

Albrecht von Meissen mag sie ersonnen haben, um seinen Bruder Dietrich des Schutzes des Landgrafen zu berauben. Die Ursache, die er für sie angab, dass die Fürsten sich in den unbeschränkten Besitz ihrer Güter setzen wollten,[1]) mochte

---

[1]) Ann. Reinhardsbrunn. 64: ut unusquisque suis facultatibus libere potiretur. Nicht der „Genuss" (Toeche 238; Wenck 204), sondern der Erwerb der facultates wird gefordert. Facultates=bona,

ein Wink für den Kaiser sein, die Ansprüche des Markgrafen auf das ungeteilte Erbe seines Vaters zu befriedigen. Eine Fürstenempörung hat in Sachsen im Herbst 1192 nicht stattgefunden.[1])

Wie vorher am Rhein hatte der Kaiser auch in Sachsen und Baiern versucht Ordnung zu schaffen. Er verfolgte nicht eine energisch vorwürtsdrängende, neuen Zielen zustrebende Politik; er wollte vermitteln, ausgleichen. Die Verbindung mit Bischof Waldemar von Schleswig war Wunsch und Werk der Fürsten; erst durch sie wurde Heinrich VI. hineingezogen. Aber während er noch im östlichen Deutschland für den Frieden sorgte, trieb die Ermordung des Bischofs von Lüttich[2]) die rheinischen Verwandten desselben zum Abfall vom Kaiser.

Man hat angenommen, dass Heinrich sich wenige Wochen danach, im Dezember 1192, einem über ganz Deutschland ausgebreiteten Bunde wehrlos gegenüber befand.[3]) Allein die Empörung gehört erst dem Jahre 1193 an.

Nachdem der Mord Bischof Alberts bekannt geworden war, gingen Gesandte zwischen den Fürsten des Niederrheins hin und her.[4]) Vergeblich beschwor Lothar von Hochstaden im Dom zu Köln seine Unschuld; gegen ihn und seinen Bruder Dietrich als die Urheber der Gewaltthat wandte sich die allgemeine Stimmung.[5]) Um Weihnachten 1192 versammelten sich zu Köln die Herzöge von Brabant und Limburg, Erzbischof Bruno und ihr Anhang. Man beschloss in das Gebiet von

---

patrimonium (Forcellini, totius latinitatis lexicon ed. de Vit-Prato 1858).
[1]) Darüber, dass die sächsischen Fürsten auch an der Verschwörung, die dem Morde Bischof Alberts folgte, nicht teilgenommen haben, vgl. die dritte Beilage.
[2]) Siehe oben S. 22.
[3]) Abel 20; Toeche 244; Schwartz 24; v. Heinemann 34; Heyck 438.
[4]) vita Alberti 168.
[5]) Gisl. 581.

Hochstaden einzufallen; zugleich wurde offen ausgesprochen,
dass es sich um eine Verschwörung gegen den Kaiser handle.[1]
Als Bewerber um die Krone trat Herzog Heinrich von Brabant auf.[2]).
In den ersten Monaten des Jahres 1193 gewann die
Verschwörung an Festigkeit und Ausdehnung.[3]) Heinrich von

---

[1]) vita Alb. 168. Toeche 230 lässt den Zeitpunkt der Kölner
Verhandlungen unbestimmt. Doch kann derselbe ungefähr festgestellt werden,
a) danach, dass sie das Ergebnis längerer Vorverhandlungen
sind: ac primum sibi colloquentes per legatos, postmodum colloquii
communis diem sibi condixerunt prope Coloniam civitatem.
b) von Köln aus erfolgt der Einfall in die Grafschaft Hochstaden. Gisl. 582 setzt ihn post natale Domini. Doch ist er, seiner Erzählung nach, in den letzten Dezembertagen noch nicht ausgeführt, so dass er dem Anfang des Jahres 1193 zuzuweisen ist.
Dort berichtet ihn auch Sigeb. cont. Aquicinct. (SS. VI, 430.)
Man wird daher den Kölner Tag etwa zu Weihnachten 1192
annehmen. Dazu stimmt, dass Lothar am 27. Dezember von Balduin von Hennegau Hülfe heischt gegen Heinrich von Brabant,
qui .. tunc ei inimicabatur et ab eo mortem fratris sui requirebat. Balduin schwört, quod si dux Lovaniensis in episcopum insurgeret, ... ipse comes cum viribus suis et episcopatum et dominum suum contra ducem iuvaret (Gisl. 581).
[2]) Gisl. 582.
[3]) Alles was wir über die Verschwörung wissen, weist sie in
das J. 1193 und genauer in den Anfang desselben. Vor dem
31. Mai 1193 ist das Bündnis zwischen Heinrich von Brabant und
Bruno von Köln geschlossen, durch welches sie sich verpflichten, ut
in omnibus nostris iusticiis contra omnem hominem ad invicem nobis fideliter assistamus, et si neccessitas ingrueret, promptum mutuo
nobis ferre debeamus auxilium. ... Acta anno 1193, pontificatus
nostri anno secundo (Miraeus, donationes Belgicae I, 556).
In das Jahr 1193 gehört eine Urkunde Konrads von Mainz, in
der Hermann von Thüringen als Zeuge erscheint. (Böhmer-Will,
regesta archiep. Mogunt. II, 92. n. 287.)
Dass der Beitritt Ottokars von Böhmen etwa im Febr. 1193
erfolgte, zeigt die Verbindung folgender Nachrichten:
Gerlaci chron. Boem. (Oest. Gesch. Q. V, 185): 1193. ... accidit ea tempestate, ut quidam principes de Saxonia opponerent se
imperatori, ... et miserunt ad ducem Premizlaum rogantes, ut id
ipsum cum eis saperet, quod ilico se facturum promisit. Nec latuit
hoc episcopum, quod **statim ad aures imperatoris detulit** und
Ann. Prag. (SS. III, 121): 1193 hoc anno intrante Martio dominus episcopus ad curiam imperatoris regreditur.

Brabant und Bruno von Köln vereinbarten ein Schutz- und Trutzbündnis mit einander.¹) Erzbischof Konrad von Mainz trat der Verschwörung bei;²) er veranlasste den Landgrafen Hermann von Thüringen, Albrecht von Meissen und Ottokar von Böhmen, sich ihr anzuschliessen.³) Auch Herzog Berthold von Zähringen, der Gegner der Staufer in Südwestdeutschland und Burgund, unterstützte die brabantische Partei.⁴) Ihr Vorgehen fand die Billigung des Papstes, als Gesandte seine Zustimmung zu der Erhebung Heinrichs von Brabant auf den Thron holen sollten.⁵) Im April war die Bewegung so erstarkt, dass Heinrich VI. sich genötigt sah, mit den rheinischen Fürsten in Unterhandlungen einzutreten.⁶)

Zum offenen Ausbruch der Empörung, zu Feindseligkeiten kam es nicht. Daher fliessen die Nachrichten spärlich. Aber soviel lassen sie doch erkennen, dass die Verschwörung ihren einzigen Ursprung am Rheine nahm, von einer Blutthat, welche die Verwandten des Ermordeten zur Rache aufforderte. Indem man den Kaiser mit ihr in Zusammenhang brachte, wurde aus der Bestrafung der Mörder ein Aufstand gegen Heinrich VI.

Aus dem äusseren Anlass entstanden, kann die Empörung nicht das lang vorbereitete Werk eines grossen Bundes gegen den Kaiser gewesen sein.⁷) Dass König Richard auf der

---

¹) Toeche 279 nahm an, dass Bruno von Köln schon im Februar 1193 sich mit dem Kaiser wieder ausgesöhnt hatte. Allein die von ihm dafür angeführten Worte: insuper iuravit archiepiscopus Coloniensis gehören nicht zu der Urkunde Heinrich VI. vom 4. Febr. 1193 (St. 4795a) sondern zu der darin inserierten Friedrichs vom 4. Febr. 1183 (St. 4353).
²) vita Alb. 168.
³) Ann. Reinhardsbrunn. 65.
⁴) Gisl. 582. Ann. Stad. 352. Roger de Hoveden ed. Stubbs. III, 214 u. a. Vgl. Heyck 437.
⁵) Gisl. 582.
⁶) Siehe unten S. 62.

Dass der Erzbischof von Trier nicht an der Empörung teilnahm, zeigt, gegen Toeche 230 und Schwartz 23, Rosbach, die Reichspolitik der trierischen Erzbischöfe. II. Trier 1891. (Gymn.-Progr.)
⁷) So erscheint es bei Abel 19; Toeche 157. 199. 250; v. Heinemann 83. Anders Lohmeyer, de Richardo I, Angliae rege, cum in Sicilia commorante, tum in Germania detento. 1857. p. 29.

4

Rückkehr vom Kreuzzuge sich nach Deutschland wandte, als die Fürsten die Absetzung Heinrichs VI. vorbereiteten, war ein Zufall. Die Feinde des Kaisers warteten nicht auf die Ankunft des englischen Königs, um offen von ihm abzufallen. Und die überraschende Gefangennahme Richards hinderte nicht, dass der Aufstand immer weiter um sich griff. Erst die geschickte Politik Heinrichs VI. stellte später eine Verbindung zwischen Richard und den empörten Fürsten her, indem er beide gegen einander auszuspielen wusste.¹).

Vielleicht könnte man vermuten, dass gerade das Unglück Richards der Verschwörung ihre gefährlichste Ausdehnung gab. Es mag die Welfen bewogen haben, sich der rheinischen Opposition anzuschliessen.²)

Auf dieser Vereinigung beruht die geschichtliche Bedeutung der Fürstenempörung von 1193.

Gegen Friedrich I. hatten die Welfen und die rheinischen Fürsten getrennt gekämpft. Damals stand Philipp von Köln an der Spitze der Letzteren, jetzt aber ein weltlicher Fürst. Toeche³) legt Gewicht darauf. Allein man muss bedenken, dass der greise Erzbischof Bruno zur Leitung unfähig war. Dass man die Ermordung Bischof Alberts rächen wollte, liess naturgemäss die Person seines Bruders, des Brabanter Herzogs, in den Vordergrund treten. Er verfocht doch, wie einst Philipp, die niederrheinischen Interessen, die in dem glänzend aufblühenden Köln zusammenliefen.⁴)

Gegen eine Teilnahme Heinrichs des Löwen an einem solchen Bunde spricht vor allem sein Verhalten nach der Rückkehr seines Sohnes. (Siehe oben S. 26.)
¹) Siehe unten S. 64.
²) Dem jungen Heinrich von Braunschweig mit Toeche 240 eine führende Rolle zuzuweisen, wird durch nichts gerechtfertigt.
³) Toeche 239.
⁴) Ueber die Bedeutung Kölns handeln: O. Abel, die politische Bedeutung Kölns am Ende des XII. Jahrhunderts (Kiel. Allg. Monatsschrift. 1852. S. 443.) Lamprecht, Köln im Mittelalter (Preuss. Jahrbücher Bd. 49, 495). — Hecker, die territoriale Politik des Erzbischofs Philipp I. von Köln. 1883. S. 57 ff.

Gegen Friedrich I. hatte sich Philipp nicht als Erzbischof empört, sondern als Territorialfürst, als Herr der grössten rheinischen Handelsstadt. Und für die Selbständigkeit seines Fürstentums hatte sich Heinrich der Löwe erhoben. Er aber begründete seine Stellung durch die Unterdrückung der geistlichen Gewalt, während die weltliche Macht des Kölner Erzbischofs an seine geistliche Würde geknüpft war. Dieser Gegensatz wurde verschärft, indem an Philipp von Köln das dem Herzog entrissene Westfalen gegeben wurde.

Es kann darum wohl sein, dass die Führung der rheinischen Fürsten nicht durch Köln, sondern durch Heinrich von Brabant, den Anschluss der Welfen erleichterte.[1]) Gemeinsam war beiden die Unzufriedenheit mit der staufischen Herrschaft und das Interesse an Richard von England.

Die Entwickelung selbständiger Mächte im Staate ist immer Folge davon, dass dieser nicht im Stande ist, den Lebensbedingungen aller seiner Glieder gerecht zu werden. Das Aufblühen der Städte, die Gründung territorialer Fürstentümer im 12. und 13. Jahrhundert sind ebenso die Zeichen der gesunden und reichen Kräfte im deutschen Volke, wie dafür, dass diese in dem staufischen Kaisertum den Boden nicht fanden, der ihnen die volle Entfaltung gewährte.

Nur eine Politik, die den wirtschaftlichen Bedürfnissen entspricht, kann dauernde Erfolge erzielen. Deutschland zerfiel in drei grosse Interessenkreise. Seine südlichen Länder knüpften ihre Verbindungen nach Italien und strebten zum Mittelmeer.

In diesem Süden war die Heimat der Staufer.

Niedersachsen drängte über die Elbe zur Ostsee. Köln war im rege Handelsverkehr mit England und zugleich Hafen für Westfalen und Sachsen. Je selbständiger beide sich entwickelten, um so kleineren Anteil und geringeres Interesse nahmen sie an den italienischen Unternehmungen der Kaiser.

Die Empörung Heinrichs des Löwen begann 1175 mit der

---

[1]) Toeche 240.

Weigerung, nach Italien Heerfolge zu leisten. Im Jahre 1192 war das Anerbieten eines Zuges nach Italien das Zeichen seiner Unterwerfung. Auch für die rheinischen Fürsten war der Gegensatz gegen die italienische Politik der Ausgangspunkt des Handelns; das kommt zu voller Klarheit allerdings erst bei der Doppelwahl des Jahres 1198.

Wir sahen, dass Heinrichs VI. Auftreten in Deutschland durch die Rücksicht auf seine italienischen Pläne bestimmt war. Die Abneigung dagegen würde aber nicht genügt haben, die welfische und die rheinische Opposition zusammenzuführen, wenn nicht beide in der Befreiung Richards dasselbe Ziel gehabt hätten. Sobald diese durch den Wormser Vertrag gesichert schien, wurden die Welfen von den rheinischen Fürsten im Stiche gelassen[1]) und dadurch der Sieg Heinrichs VI. entschieden.

Erst als England nach dem Tode des Kaisers bei den niederrheinischen Fürsten in Köln die Wahl eines Welfen durchsetzte, wurde eine dauernde Interessengleichheit geschaffen, welche beide zu erbittertem und zunächst erfolgreichem Widerstande gegen das staufische Königtum zusammenführte.

Die Fürstenempörung des Jahres 1193 konnte keinen Einfluss auf die Gestaltung der deutschen Angelegenheiten ausüben. Schnell unterdrückt, war sie nur das Vorspiel einer grösseren, gewaltigeren Bewegung. Als solches ist sie ein wichtiges Moment, die Strömungen der Zeit zu erkennen. Sie zeigt, dass Friedrich I. wohl den Widerstand, den er am Niederrhein und bei den Welfen fand, hatte unterdrücken, aber nicht seine Ursachen beseitigen können. Die Gegensätze hatten sich verschärft. Den Feinden der Staufer war das Gemeinsame in ihren Bestrebungen zum Bewusstsein gekommen: die Abwehr der kaiserlichen Pläne auf Italien durch den Sturz des staufischen Hauses.

Es war die Reaktion gegen die staufische Politik, die sich äusserte, noch ehe dieselbe in den letzten Jahren Heinrichs VI. ihren glänzendsten Höhepunkt erreichte.

---

[1]) Siehe unten S. 66.

Die Empörung hatte sich gerade in der Zeit über Deutschland ausgebreitet, als Heinrich VI., immer von dem Gedanken an seinen italienischen Zug geleitet, am Rhein und in Sachsen die Zustände geordnet glaubte. Seine Bemühungen sah er durch den Aufstand vereitelt. Wie er dessen Herr wurde, wie er endlich an das Ziel gelangte, welches er sich gesteckt hatte, das ist aufs engste verbunden mit dem Geschick, von dem König Richard von England betroffen wurde.

IV.
Heinrich VI. und Richard Löwenherz.

Um Richard Löwenherz' Gefangenschaft haben Sage und Sang ihren goldenen Schleier gewoben. Längst hat ihn die strenge Forschung zerstört; doch auch auf dem, was sie als geschehen erkannt, ruht ein eigener Zauber, ausstrahlend von den Persönlichkeiten, welche sich gegenübertreten. Menschlich nahe kommt uns der König, der, nachdem er im Morgenlande den Ruhm des Feldherrn errungen, nun ein Gefangener, durch die hinreissende Macht seiner Rede, durch die Ritterlichkeit seiner Erscheinung selbst die Herzen der Feinde rührt, der in edlem Stolze, obgleich machtlos, alles von sich weist, was zu bewilligen ihm schmachvoll dünkt.

Ihm gegenüber steht Heinrich VI. Kaum ein Dreissigjähriger, hat er nichts von der gesunden Lebensfreude Richards. Ein ernster Mann, weiss er unbeirrt im Widerspiel der Mächte seinen Weg zu finden. Ein grosser Staatsmann, versteht er die Ereignisse sich dienstbar zu machen. Sein oft gewaltsames, immer dem Einen zugewandtes Wollen weckt nicht Liebe, aber Bewunderung.

Es ist das grosse Verdienst Abels und nach ihm Toeches,[1]) die politische Bedeutung der Gefangenschaft Richards hervorgehoben und damit ein gerechtes Urteil über den Kaiser er-

---

[1]) Abel, König Philipp S. 19. Toeche 161. 246 ff. Vgl. dazu auch Cohn, Gött. Gel. Anz. 1858 S. 2023 ff.

möglicht zu haben. Sie wiesen die Ansicht Lohmeyers zurück, dass Heinrichs Vorgehen ihm durch seine Habgier vorgeschrieben worden sei,¹) und suchten dasselbe vor allem durch Richards Beziehungen zu Tankred von Sicilien während des Winters 1190 auf 1191 zu begründen. Neuerdings hat indessen Wissowa, Lohmeyers Darstellung wieder aufnehmend, der Gefangennahme des englischen Königs politische Gründe abgesprochen.²) Dazu musste er die Bedeutungslosigkeit des Bündnisses nachweisen, welches Richard in dem Vertrage vom November 1190 mit Tankred geschlossen hatte.³)

Wissowa erklärt:

1) dass die in diesem Vertrage geplante Heirat zwischen Artur, dem dreijährigen Neffen Richards, und einer Tochter Tankreds, der noch zwei Söhne hatte, nicht die Vereinigung Siciliens mit England herbeiführen konnte. Dagegen genügt es, zu bemerken, dass im Mittelalter fast regelmässig ein Eheversprechen politische Bündnisse besiegelte,⁴) ohne dass darum sogleich an eine Erbfolge gedacht werden muss.

2) Die ersten Forderungen Richards an Tankred seien nicht die eines Bundesgenossen gewesen. Gewiss nicht. Denn Richard wünschte, seiner Schwester Johanna, der Wittwe König Wilhelms II. von Sicilien, das ihr zugewiesene Leibgedinge zu erwirken.⁵) Erst nach Erfüllung seiner Ansprüche konnte er sich freundlich zu Tankred stellen.

3) Das Bündnis enthalte eine Klausel, „durch welche

---

¹) Lohmeyer, De Ricardo I, Angliae rege cum in Sicilia commorante tum in Germania detento. 1853. p. 50.
²) Wissowa, Politische Beziehungen zwischen England und Deutschland bis zum Untergange der Staufer. Bresl. Diss. 1889. S. 33 ff. Vgl. die Recension von Liebermann in den Mitt. aus der hist. Litt. XVII, 333.
³) Benedict. Pet. ed. Stubbs II, 134: hoc addito, quod quamdiu in regno vestro moram fecerimus, ad defensionem terrae vestrae ubicumque praesentes fuerimus, vobis auxilium praebeamus; quicumque vellet eam invadere aut vobis bellum inferre.
⁴) Vgl. Giesebrecht, Geschichte der deutschen Kaiserzeit V, 461. Cohn, a. a. O. 2025.
⁵) Bened. Peterburg. II, 132.

Richards Hilfeleistung auf die Zeit seines Aufenthaltes in Sicilien, also mutmasslich auf den Winter beschränkt wurde. Man schliesst doch kein Schutz- und Trutzbündnis auf die Zeit der Waffenruhe." Nach einer Mitteilung des Rigordus[1]) wollte Richard jedoch ursprünglich bis zum August 1191 in Sicilien bleiben. Dadurch wird die Annahme wesentlich gestützt, dass er beabsichtigte, Tankred in seiner Verteidigung gegen den staufischen Angriff Hülfe zu leisten.[2]) Gegen wen — so muss man doch fragen — hätte Tankred im Herbst 1190 geschützt werden sollen, wenn nicht gegen Heinrich VI., der in Deutschland zum Zuge nach Sicilien rüstete, der schon 1190 den Marschall Heinrich von Kalden mit einem Heere dorthin entsendet hatte.[3])

Man darf annehmen, dass Richards Bündnis mit Tancred gegen Heinrich VI. gerichtet war.

Wissowa hat nicht beachtet, dass der Kaiser schon im Herbst 1191 dem König Philipp August versprach, sich Richards zu bemächtigen, wenn dieser seinen Rückweg durch Deutschland nähme.[4]) Der Konflikt Philipps mit seinem englischen

---

[1]) Rigordus ed. Delaborde I, 107: revolutis paucis diebus rex Francorum regem Angliae compellavit, ut ad passagium medii martii paratus inveniretur, mare cum eo transiturus. Ille vero respondit, quod transire non poterat donec in augusto.
[2]) wenn Wissowa seinen Beweis gegen diese Ansicht mit dem Satze schliesst: „Immerhin kann man, wenn man will(!), diese Verpflichtung als gegen Heinrich VI. gerichtet ansehen", so entbehrt das nicht eines gewissen Humors. Aber es zeigt doch, dass er sich über das Verhältnis Richards zum Kaiser gar nicht klar geworden ist. Die Frage, von der alles abhängt, ist eben, ob die Interessen beider in Sicilien zusammentrafen. Wissowa lässt sie offen und spricht trotzdem mit voller Entschiedenheit der Gefangennahme des Königs alle politischen Gründe ab!
Recht gut ist dagegen, was er in kurzen, klaren Worten auf S. 42 f. über die Stellung Richards während der Gefangenschaft sagt.
[3]) Toeche 148.
[4]) Roger III, 167: effecit adversus Romanorum imperatorem, quod ipse regem Angliae caperet, si per terram suam transiret. Vgl. Ansberti historia de expeditione Friderici (Oesterreich. Gesch. Quellen V, p. 78).
Auch die Sendung französischen Gesandter nach Deutschland

Lehnsmanne hatte sich im Morgenlande so verschärft, dass Philipp August Palästina in der Absicht verliess, sich der normannischen Besitzungen Richards zu bemächtigen.¹) Er suchte den Beistand des Kaisers, um desto sicherer den Feind unschädlich zu machen. Damals war, von der Beleidigung Herzog Leopolds abgesehen, in Palästina noch nichts von dem geschehen, dessen später Richard beschuldigt wurde. Nur das Verhalten Richards auf Sicilien und Cypern konnte den Unwillen Heinrichs VI. erregt haben. Die Verbindung Richards mit dem Normannenfürsten ist denn auch später der vornehmste Anklagepunkt des Kaisers.²)

Schliesslich — und das ist, soweit ich sehe, bisher nicht berücksichtigt worden — sei darauf hingewiesen, dass die Verknüpfung der englischen Politik mit der normannischen auf Sicilien nicht der abenteuerlichen Laune Richards entsprang. Der englische König setzte nur fort, was unter seinem Vater Heinrich II. begonnen war. Dieser hatte seine Tochter Johanna an Wilhelm II. von Sicilien zur Gemahlin gegeben. Als die Ehe kinderlos blieb, bot Wilhelm einem seiner englischen Schwäger die Thronfolge an. Heinrich II. lehnte zwar für seine Söhne die sicilische Krone ab; immerhin zeigt der Vorgang, dass in dem normannischen Reiche die Interessen Englands und der Staufer konkurrierten.³)

Wissowa selbst konnte sich nicht ganz der Wahrnehmung entziehen, dass die Gefangennahme Richards mit dem in Zusammenhang stehen müsse, was zwischen Tankred und Richard

---

im J. 1192 ist Wissowa entgangen. (Ricardi Divis. chron. in chronicles of the reign of Stephen, Henry II. and Richard I.Vol. III, 450.)
¹) Bened. II, 229.
²) Radulfus de Coggeshale ed. Stevenson 58.
³) Vgl. darüber Stubbs in Roger de Hoveden II, Preface. p. XCIII. Ich habe mich auf das für meine Zwecke Notwendigste beschränken zu müssen geglaubt, da mein Kollege, Herr Gruhn, mit einer Arbeit über den Kreuzzug Richards I. beschäftigt ist, in der er die Beziehungen Richards zu Tancred eingehend erörtern wird. Seine Ergebnisse ergänzen und bestätigen das im Text Gesagte. Vgl. auch Kate Norgate, England under the Angevin kings. II, 316 ff.

in Sicilien vorgefallen war. „Tankred" — so meint er — „war durch Richard nur um eine bedeutende Summe Geldes ärmer geworden, die dann später der rechtmässige Besitzer des sicilischen Königsschatzes seinerseits mit Fug und Recht wieder erpresste." Es soll hier nicht über die eigenartige Ausdrucksweise gerechtet werden; auch nicht darüber, dass die Quelle, auf die Wissowa sich beruft,[1]) nicht die lauterste ist. Heinrich VI. bedurfte reicher Geldsummen, und er war durchaus gesonnen, sie sich von Richard zahlen zu lassen. Wenn er dafür einen Rechtsgrund vorführen konnte, wie ihn der Anonymus von Laudun angiebt, um so besser!

Indessen für das Urteil über die Handlungsweise des Kaisers kommt doch vor allem in Betracht, ob Richard die Wechselfälle einer mehr als einjährigen Gefangenschaft erdulden musste, weil Heinrich VI. grössere finanzielle Vorteile von ihm „erpressen" wollte. Die Entscheidung darüber muss sich aus der Untersuchung ergeben, welche Forderungen der Kaiser an Richard Löwenherz stellte.

Die Art, wie Heinrich VI. die Gefangenschaft Richards ausnutzte, wird auch auf die Ursachen derselben Licht zurückwerfen.

Toeche meinte, der Kaiser habe von dem gefangenen Könige die Heeresfolge nach Italien, die Oberlehnsherrlichkeit über England und die Unterstützung gegen die Welfen erreichen wollen. Die beiden ersten seien ihm zu Speier zugestanden worden; vergeblich habe er die letzte, ihm wichtigste, durchzusetzen versucht. Immer geneigt, den lockenden Anerbietungen Frankreichs nachzugeben, sei er endlich von den deutschen Fürsten gezwungen worden, unter Abweisung derselben und unter Verzicht auf seine eigene Forderung Richard freizulassen.

---

[1]) chron. univers. Laudun. anon. (SS. XXVI, 452). Ueber diese siehe oben S. 22 Anm. 2.

Da ihn eine eigenartige Episode zu gleicher Zeit zur Aussöhnung mit den Welfen zwang, so war die Niederlage des Kaisers vollkommen.¹) Unvereinbar mit dieser Darstellung ist die Politik, die wir aus den früheren Massnahmen Heinrichs VI. zu erkennen glaubten: dass nämlich Heinrich VI. nicht die Vernichtung der Welfen, sondern den Frieden mit ihnen wünschte, und dass er in Deutschland ebenso wie in Italien sich die Wege zur Eroberung Siciliens ebnen wollte.²) Daher wird die Feststellung, ob Toeche das Verhalten Heinrichs VI. während der Gefangenschaft König Richards richtig gezeichnet hat, zugleich der Prüfstein für die Berechtigung meiner Annahme sein.

Am 21. Dezember 1192 war Richard Löwenherz dem Herzog Leopold von Oesterreich in die Hände gefallen.³) Dieser brachte seinen Gefangenen auf dem Reichstage von Regensburg, der zum 6. Januar berufen war, vor den Kaiser, ohne gewillt zu sein, auf die kostbare Beute zu verzichten. Man suchte ihm Mistrauen gegen Heinrich einzuflössen.⁴) Erst am 14. Februar wurden zu Würzburg die Bedingungen vereinbart, unter denen Richard dem Kaiser übergeben und später freigelassen werden sollte.

Ausser 100 000 Mark Silber als Lösegeld forderte Heinrich VI. die persönliche Heerfolge des Königs mit 50 Kriegsschiffen, 200 Rittern und 100 Bogenschützen auf einem Zuge nach Sicilien.⁵)

---

¹) Toeche 283. 291. 295.
²) Siehe oben Seite 30.
³) Ann. Salisburg. additam. (SS. XIII. 240); Rad. de Cogg. 56.
⁴) Ansbert 80. Wollten etwa die vom Kaiser abgefallenen Fürsten die Auslieferung Richards hintertreiben?
⁵) l. c. 81: rex Anglorum dabit domino imperatori 50 galeas cum hominibus et expensis et aliis omnibus attinentiis. Et 100 milites cum 50 balistariis in eisdem ponet galeis. Et ipse praeter haec in propria persona cum 100 aliis militibus et 50 balistariis intrabit regnum Siciliae cum domino imperatore, et bona fide assistet ei, quosque regnum obtineat, nisi de bona eius voluntate et licentia ab eo recedat.

Toeche[1]) hält diese Bedingungen für „die günstigsten, die für die Freilassung des gefangenen Königs je gestellt worden sind." Indessen zu einer Zeit gemacht, in der kein Einfluss der Fürsten für Richard wirksam war, müssen sie wie keine späteren den eigensten Wünschen des Kaisers entsprochen haben. Ich hoffe, nachweisen zu können, dass es die höchsten, weil die einzigen, sind, die er erhoben hat.

Die persönliche Heerfolge war die vornehmste Pflicht des Lehnsmannes.[2]) Die Belehnung bedeutete die Anerkennung der kaiserlichen Oberherrschaft.

Die Hülfeleistung im Kampfe gegen Tankred musste Richard kaum weniger schimpflich empfinden, weil sie ihn im Dienste gerade desjenigen, den er aus Sicilien hatte fernhalten wollen, gegen den eigenen Bundesgenossen führte.[3])

Beide Forderungen legte der Kaiser, nachdem ihm Richard zu Speier ausgeliefert worden war, dort am 24. März dem Könige vor. Man wird sie für die Bedingungen halten, die Richard selbst auf die Gefahr des Todes hin nicht bewilligen zu können erklärte.[4]) Trotzdem musste er, so sagt wenigstens Toeche,[5]) sich ihnen beugen.

Das ist unrichtig. Der König wies in der glänzenden Rede, durch die er sich am 25. März vor den versammelten Fürsten verantwortete, mit so unerschrockenem Stolze das Ansinnen zurück, auf die Selbständigkeit seiner königlichen Herrschaft zu verzichten,[6]) dass Heinrich VI. einsah, er könne

---

[1]) Toeche 263.
[2]) Schon Cohn (Gött. Gel. Anz. 1858 S. 2038) und Toeche 263 haben aus dem Würzburger Vertrag geschlossen, dass Heinrich die Forderung der Lehnsunterthänigkeit stellte.
[3]) Siehe oben S. 56.
[4]) Roger III, 199: imperator multa petierat, quibus nec etiam pro mortis periculo rex consentiendum iudicavit. Ueber die Datierung vgl. Schwartz S. 45. IV. Anm. 9.
[5]) Toeche 266.
[6]) Roger III, 199: rex libere, et constanter, et ita intrepide respondit, quod non solum eum imperator gratia vel venia dignum, sed etiam laude iudicavit.

für jetzt nicht darauf bestehen und von der Belehnung Richards zunächst absah.[1])
Die andere Forderung der Unterstützung gegen Tankred musste der König zugestehen, aber sie wurde soweit gemildert, wie durch seine Weigerung, Lehnsmann des Kaisers zu werden, bedingt war: er brauchte nicht selbst dem Kaiser seine Hülfe zuzuführen.[2])

Heinrich VI. war mit diesem Abkommen so wenig zufrieden, dass er Richard wieder in strengen Gewahrsam, auf den Trifels, bringen liess.[3])

Nach Speier kamen Gesandte Philipp Augusts, um Richard, gegen den sich Philipp schon im Januar mit dessen Bruder Johann ohne Land verbündet hatte,[4]) Krieg anzusagen. Der Kaiser erklärte ihnen, wer gegen Richard kämpfe, beleidige ihn selbst, und versprach dem gefangenen Könige, ihm Frieden erwirken zu wollen.[5]) Bei dem, was er von ihm erwartete, — er hatte auf die Belehnung durchaus nicht verzichtet[6]) — konnte ihm eine Minderung der Macht des englischen Königs oder gar seine Absetzung durch Johann nicht im mindesten

---

[1]) Den Beweis dafür, dass die Belehnung erst zu Mainz im Febr. 1194 stattfand, siehe in der vierten Beilage.

[2]) Rog. III, 205: (rex Angliae) inveniet ei (sc. Henrico) quinquaginta galeas cum omni apparatu per unum annum in servitio suo et 200 milites per unum annum in servitio suo.
Hier ist nur von der Sendung von Hülfstruppen die Rede; ich glaube daher, abweichend von der bisherigen Anschauung, in dem Speierer Vertrage nicht eine einfache Erneuerung des Würzburgers sehen zu dürfen.

[3]) Rog. III, 209; Radulf de Diceto ed. Stubbs. II, 107.

[4]) Scheffer-Boichorst, Deutschland und Philipp II. August von Frankreich (Forsch. z. Deutsch. Gesch. VIII, 491). Zu den Quellenbelegen füge hinzu: Gervas. Cantuar. ed. Stubbs I, 514; Radulf de Cogg. 61; Radulf de Dic. II, 106.

[5]) Roger III, 199. 205; Guil. Neubrig. (chronicles of the reigns of Stephen, Henry II. and Richard I. ed. Howlett I.) 389; vgl. Scheffer-Boichorst, a. a. O. 492.

[6]) Man beachte z. B. die Worte in dem Briefe Heinrichs an die englischen Grossen vom 19. April (Rog. III, 211): quia corde et animo uniti sumus, facta regis vestri, specialiter nostri et imperii nostri penitus reputabimus; et gravamina eius nobis et coronae imperiali illata censemus.

erwünscht sein. Einen Angriff auf England sah er schon jetzt als einen Angriff auf das Reich an. Er konnte jedoch Philipp August und Johann nicht hindern, in der Normandie und in England den Kampf zu beginnen.

Ein anderes kam dazu, um Heinrich zu beeinflussen. Die Fürstenempörung gewann immer mehr an Ausdehnung;[1] das Scheitern der Verhandlungen mit Propst Adolf von Köln zu Speier[2] mochte ihm den Ernst der Sachlage zeigen, die alle Bemühungen des vergangenen Jahres, den Frieden in Deutschland herzustellen, als nichtig erwies.

Unter diesen Umständen gelang es dem gewandten Bischof von Ely, Richards Kanzler, schon im April eine wesentliche Besserung der Lage seines Herrn herbeizuführen. Er vereinbarte einen Vertrag zwischen ihm und dem Kaiser, wonach beide sich verpflichteten, einander in der Erlangung und Wahrung ihrer Rechte zu unterstützen.[3] Heinrich VI. versprach, dem König gegen Philipp August und seinen Bruder beizustehen.[4] Wenn

---

[1] Siehe oben S. 48. Dass auch Heinrichs Interesse den Abschluss des Vertrages erwünscht scheinen liess, ist von Toeche 277 nicht betont worden. Jedenfalls ist der Kaiser mehr dadurch bestimmt worden, als durch das Schreiben des Papstes, in dem Toeche die Ursachen dafür sieht.

[2] Derselbe war nach St. 4801. am 28. März zu Speier anwesend.

[3] Brief Richards an seine Mutter Alienor, vom 19. April aus Hagenau (Rog. III, 209): mutuum foedus amoris et indissolubile inter dominum imperatorem contractum est et nos, ita quod uterque nostrum alterum contra omnes viventes in iure suo obtinendo et retinendo iuvare debet.

[4] l. c. Nur darauf können sich die Worte beziehen: sciatis pro certo, quod si in Anglia in libera potestate nostra essemus constituti, tantam vel maiorem pecuniam domino imperatori daremus, quam modo damus pro pactionibus consequendis, quas per Dei gratiam consecuti sumus.

Deutlicher noch sagt Heinrich VI. in dem Schreiben an die englischen Grossen (Rog. III, 211): quaecumque ipsi irrogata fuerint contraria, pariter cum eo nobis parient molestiam et gravamen. Quare ad devotorum suorum et fidelium honorem et profectum et turbatorum suorum damnationem et exterminium, operam praestabimus semper efficacem.

Scheffer-Boichorst 492, Anm. 6. leugnet zwar gegen Toeche 278,

Richard, — wie ich annehmen möchte, — beitragen wollte, die deutschen Fürsten dem Kaiser auszusöhnen, wozu seine Verwandschaft mit den Welfen, sein Einfluss in Köln ihn durchaus geeignet erscheinen liessen, so hatte der Kaiser allen Grund, ihm freundlich entgegenzukommen. In der ehrenvollsten Weise wurde der König Mitte April am kaiserlichen Hoflager zu Hagenau aufgenommen. Heinrich versprach sogar, ihn nach Zahlung von 70 000 Mark zu entlassen, wenn er für den Rest Geiseln stellen könne.[1])
Diese Vermutung erhält eine gewisse Sicherheit dadurch, dass wir am 28. April mehrere der aufständischen niederrheinischen Herren, am 13. Mai Heinrich von Brabant selbst am Hofe finden.[2]) Es scheint, dass die Unterhandlungen sich in die Länge gezogen. Sie zum Ende zu bringen, that Heinrich VI. einem meisterhaften Schachzug.

In Frankreich hatte man mit grösster Unruhe von dem Bündnis vernommen, welches der Kaiser mit Richard abgeschlossen hatte. Etwa Mitte Mai, nachdem Philipps Einfall in die Normandie vor Rouen ein unrühmliches Ende gefunden hatte, erschienen wiederum französische Gesandte in Deutschland, unter ihnen Erzbischof Wilhelm von Rheims, um vom Kaiser gegen grosse Geldsummen die Auslieferung Richards oder wenigstens die Verlängerung seiner Gefangenschaft zu verlangen.[3]) Heinrich lehnte dies ab, schlug jedoch auf den 25. Juni zwischen Toul und Vauconleurs eine Zusammenkunft vor, auf der er den Frieden zwischen beiden Königen vermitteln wolle.

„dass zwischen dem Kaiser und dem englischen König unzweifelhaft ein Bündnis gegen Philipp von Frankreich abgeschlossen war", kommt aber im Wesentlichen zu der gleichen Anschauung.
[1]) Rog. III, 209. Siehe Toeche 278, Anm. 2.
[2]) St. 4810. 4812. Vgl. dazu vita Alberti 168: multis legationibus ultro citroque missis et remissis.
[3]) Gervas. Cantuar. I, 516: rex itaque confusus rediit in Franciam, misitque nuncios ad imperatorem cum infinita pecunia, rogans attentius, ut regem Angliae utpote hominem suum ei mitteret liberum, vel eundem diutius retineret incarceratum. Vgl. Scheffer-Boichorst 493, Anm. 8. Doch ist die Gesandschaft erst nach dem

Danach aber änderte sich sein Verhalten gegen Richard derart, dass der englische König das Schlimmste befürchten zu müssen glaubte, wenn die Unterredung mit Philipp August stattfände. Er erkannte an sicheren Anzeichen, dass sich der Kaiser mit diesem gegen die rheinischen Fürsten verbünden werde, ihm selbst aber unzweifelhaft die Auslieferung an das gehasste Frankreich drohe.[1])

Man hat auf Grund dieser Erzählung Rogers immer geglaubt, dass der Kaiser, bestochen durch die Höhe der von Philipp gebotenen Summe, ernstlich an die Verbindung mit ihm gedacht habe.[2]) Sie wäre der Bruch mit dem gewesen, was Heinrich bis dahin erstrebt hatte. Die Auslieferung Richards an Philipp August war der Verzicht auf die Lehnsherrlichkeit über England, auf die Hülfe gegen Tankred. Und dasselbe hätte die Verlängerung der Gefangenschaft bedeutet, weil Johann mit Philipps Hülfe nach der englischen Krone strebte.

Muss indess dieser Bruch angenommen werden? warum lehnte Heinrich im Mai die Vorschläge des französischen Königs ab, wenn er doch an ihre Annahme in wenig Wochen dachte? Schlug er etwa ein Zusammentreffen mit Philipp nur vor,[3]) um die Fürsten durch die Furcht vor dem Bunde mit Frankreich, den einst Friedrich I. wirklich gegen sie abgeschlossen hatte, zur Aussöhnung zu zwingen, Richard durch die Aussicht, in die Gewalt des grössten Feindes zu geraten, seinen Forderungen gefügig zu machen? warum trat Heinrich VI. plötzlich aufs schroffste gegen Richard auf[4]) und liess ihn zu gleicher Zeit mit voller Deutlichkeit in

---

Rückzuge von Rouen abgegangen, der am 28. April erfolgte. (chron. Rotomag. ed. Labbe, nova bibl. I, 369.)
   [1]) Roger III, 214. Vgl. Guil. Neubrig. I, 397.
   [2]) Toeche 280. Scheffer 493.
   [3]) Dass der Kaiser die Initiative ergriff, beweist Rog. III, 212: imperator cepit colloquium.
   [4]) am 28. Mai musste Richard gegen seinen Willen Savary von Bath zum Erzbischof von Canterbury vorschlagen (epistolae Can-

seine politischen Pläne einblicken,¹) wenn er nicht veranlassen wollte, was in der That geschah, dass nämlich Richard, erschreckt, um sich zu retten, die Fürsten auf die nahe Gefahr aufmerksam machte und mit allen Mitteln sie zum Frieden mit dem Kaiser trieb? Als das Erwünschte und Erwartete eingetreten, da kümmerte sich niemand um König Philipp.

Den quellenmässigen Beweis dafür, dass der Kaiser nicht ernsthaft das Bündnis mit Frankreich erwogen hat, wird man der Natur der Sache nach nie führen können. Wir müssen schon zufrieden sein, dass aus der Erzählung Rogers die Absichtlichkeit, mit der Richard in das Vorhaben Heinrichs eingeweiht wurde, bestimmt erkennbar ist.

Richards Bemühungen war es zu danken, wenn sich die Herzöge von Brabant und Limburg mit zahlreichen rheinischen Herren, sowie Landgraf Hermann von Thüringen und Albrecht von Meissen Mitte Juni zu Coblenz mit Heinrich VI. aussöhnten, unter nicht übeln Bedingungen, die zeigen, welchen Wert der Kaiser dem Frieden beilegte.²) Statt nach Vaucouleurs zu

---

tuarienses ed. Stubbs, Memorials of Richard I. Vol. II, n. 402). Einblick in den plötzlichen Umschwung gewähren epp. Cantuar. u. 403. und Richards Brief an Walther von Rouen. (Rad. de Dic. II, 111). Siehe auch die Anm. zu Roger de Hov. ed. Liebermann (SS. XXVII, 166) aus der historia Glastoniensis.

¹) Roger III, 214: rex Angliae per certa indicia cognovit, quod, si colloquium illud haberetur, imperator et rex Francie confoederarentur contra archiepiscopos . . . . . . Timebat etiam rex Anglie, quod, si colloquium illud haberetur, ipse sine dubio traderetur in manus regis Franciae.

²) Rog. III, 214; Gisl. 584; vita Alb. 168. St. 4819.

Auch Hermann von Thüringen und Albrecht von Meissen haben sich erst hier mit dem Kaiser versöhnt. Die abweichenden Annahmen von Toeche 279 und Wenck 207 beruhen darauf, dass sie schon Weihnachten 1192 die Empörung in ihrer ganzen Ausdehnung zum Ausbruch gekommen glauben.

In Worms wurde Ottokar von Böhmen abgesetzt. (Ann. Herm. Altah. SS. XVII, 385: destitutus in curia Wormatie celebrata.). Die Ann. Reinhardsbrunn. 66 berichten nun als gleichzeitig: tau-

König Philipp begab er sich mit den Fürsten nach Worms, wo auch Propst Adolf von Köln jetzt als Freund des Kaisers erschien.[1]) Herzog Ottokar von Böhmen wurde dort, zur Strafe für den Abfall, seiner Würden entsetzt, und Bischof Heinrich von Prag mit dem Herzogtume belehnt.[2]) Ausser Konrad von Mainz blieben nur die Welfen noch unversöhnt.

Am 25. Juni begannen zu Worms die Verhandlungen zwischen Heinrich VI. und König Richard.[3]) Die politischen Verhältnisse hatten sich seit den Tagen von Speier und Hagenau beträchtlich verschoben. Durchaus zu Gunsten des Kaisers fiel ins Gewicht, dass Philipp August die Anknüpfung mit ihm gesucht hatte. Indem Heinrich ihr nicht abgeneigt schien, hoffte er, einen so starken Druck auf den englischen König ausüben zu können, dass dieser seinen Forderungen nachgeben müsse. Dabei übersah der Kaiser aber, dass der unbestreitbare Erfolg, den er in Deutschland durch die Unterdrückung der Fürstenempörung davongetragen hatte, ihn Richard gegenüber in Nachteil setzte. Jetzt war es den Freunden des Königs, unter denen in erster Reihe immer Köln gesucht werden muss, möglich, in seinem Interesse bei Heinrich thätig zu sein. Und ihre Fürsprache zu Gunsten Richards erhielt einen festen Rückhalt durch die immer noch währende Gegnerschaft der Welfen. Im Vertrauen darauf konnte auch der englische König ein ihm günstiges Ergebnis der Unterhandlungen erwarten.

Diese eigentümliche Stellung der Parteien lenkt das Interesse auf den Vertrag, in dem sich beide schliesslich vereinigten. Es wird noch dadurch erhöht, dass man ihm

---

dem imperator, quibus artibus potuit, lantgravium favorabilem sibi constituit, ducem vero Bohemie principatu suo per sententiam privavit.

Da Konrad von Mainz sich erst im Jan. 1194 mit dem Kaiser versöhnt (St. 4845), so hindert nichts, die Fehde gegen ihn (Ann. Reinhardsbr. 66) in die zweite Hälfte des J. 1193 zu setzen.

[1]) St. 4820.
[2]) Gerlaci chron. 186.
[3]) Roger III, 214.

die Zumutung des Kaisers an Richard entnommen hat, ihn im Kampfe gegen die Welfen zu unterstützen.¹) Ich bemerkte oben,²) dass die Klarstellung des Verhaltens Heinrichs VI. seinem Gefangenen gegenüber die Darlegung seiner den Frieden in Deutschland wünschenden, den Ausgleich mit den Welfen suchenden Politik sicherstellen oder vernichten würde. Jetzt spitzt sich alles auf die eine Frage zu: welches war das Versprechen, das König Richard dem Wormser Vertrage zufolge dem Kaiser in Betreff Heinrichs des Löwen gegeben hat?

Es ist ein Leichtes, nachzuweisen, dass Heinrich VI. nicht, wie angenommen wurde, des Königs bewaffnete Hülfe gegen seine Verwandten verlangte.³) Aber hier als in dem Kernpunkte der Untersuchung dürfen wir uns nicht damit begnügen, das Versprechen als „problematisch" zu bezeichnen. Es gilt, seinen Inhalt zu bestimmen. — Eine Aufgabe, die als aussichtslos angesehen wurde und auch dafür gelten müsste, wenn nicht ein ganz besonders glücklicher, bisher meines Wissens nicht beachteter Umstand ihre Lösung sicherte.

Roger von Hoveden giebt, wie an anderen Stellen, so bei dem Vertrage von Worms zunächst im Laufe seiner Erzählung den Inhalt desselben an, bevor er die eigentliche Urkunde einreiht.⁴) Man hat nicht bemerkt, dass zwischen den beiden Formen, in denen er den Vertrag überliefert, geschieden werden muss. Die erste (A.) zählt in knapper Form nur die Verpflichtungen König Richards auf, die zweite (B.) ist das eigentliche Vertragsinstrument, in dem Leistung und Gegenleistung festgestellt werden. Beide gehen nur in einem, allerdings wesentlichsten Punkte auseinander. In A. giebt Richard ausser den bedungenen Lösegeld von 100 000 Mark noch 50 000 Mark als Ablösungssumme für die Hülfe, die er dem Kaiser auf dem Zuge gegen Sicilien hätte leisten sollen.⁵) In B. werden ihm

---
¹) Toeche 283. v. Heinemann 35.
²) Siehe oben S. 59.
³) Wissowa 42; Schwartz 29.
⁴) Rog. III, 215.
⁵ l. c.: Dominus rex dabit imperatori centum milia marcarum

dieselben erlassen gegen Erfüllung des Versprechens, das er in Betreff Heinrichs des Löwen gemacht hat.¹) Es liegt nahe, zwischen beiden Bedingungen einen inneren Zusammenhang zu suchen.

Die Unterhandlungen, die seit dem 25. Juni geführt wurden, hatten bis zum 28. so wenig Erfolg gehabt, dass die Fürsten gänzlich an der Befreiung des Königs verzweifelten.²) Der Vertrag, der am 29. endlich zu Stande kam, stellt sich demnach dar als ein Kompromiss zwischen den Forderungen des Kaisers und dem, was Richard zu leisten bereit war.

Wir sahen schon, dass die Gesamtlage jenem gestattete, das Höchste zu verlangen, diesem, das Mindeste zu bieten. Dem entspricht es, wenn Heinrich VI., — und das ist an sich durchaus wahrscheinlich, — durchsetzen wollte, was er in Speier nicht erreicht hatte: die Belehnung Richards und seine persönliche Heerfolge nach Sicilien; wenn dagegen Richard Löwenherz jetzt auch der so lästigen Unterstützung des Kaisers gegen Tankred ledig zu werden hoffte und dafür, genau wie bei Roger in A. angegeben ist, sein Lösegeld um die Hälfte, also um 50 000 Mark, zu erhöhen versprach. Ich erkenne daher in A. die von englischer Seite aufgestellten Bedingungen, auf die hin der König einen Vertrag zu schliessen geneigt war.

---

puri argenti ad pondus Coloniae et alia quinquaginta . . . pro auxilio, quod deberet conferre imperatori ad Apuliam acquirendam. (A.)

¹) l. c.: Dominus imperator mittet nuncios suos cum nunciis Domini regis, qui Londonias ibunt, et ibi recipient centum milia marcarum puri argenti . . . Alia quoque 50 000 marc. dabit rex imperatori et duci Austriae, et pro illis ponet obsides . . . . . Si autem dominus rex solverit promissionem, quam domino imperatori de Henrico quondam duce Saxoniae fecerit, imperator de 50 000 marcis regem liberum dimittens et absolutum, pro ipso rege solvet duci Austrie 20 000 marc. . . . . . Cum igitur rex praedictam promissionem de Henrico quondam duce Saxoniae impleverit, et 100 000 marc. solverit, libere recedet. . . .

. . . Si promissio de Henrico quondam duce Saxoniae completa non fuerit, 50 000 marc., quae residua sunt, solventur infra 7. menses, postquam dominus rex in terram suam redierit. (B.)

²) Rog. III, 215.

Man begreift, dass die Parteien, deren Wünsche so vollständig einander ausschlossen, vier Tage lang vergeblich nach einer gemeinsamen Grundlage für ein Uebereinkommen suchten. Am fünften Tage erst fand man den geeigneten Ausweg: wenn Richard seinen Schwager Heinrich den Löwen zum Zuge nach Italien veranlassen wollte, gewann der Kaiser eine Unterstützung gegen Tankred. Ausserdem war dann zugleich der Friede in Deutschland hergestellt. Dafür sollte Heinrich VI. auf seine Forderungen an den König verzichten, der ihm dazu geholfen hatte.

Der Vorschlag erscheint für beide Teile so günstig, dass man fast zweifeln könnte, von welcher Seite er gemacht wurde. Sicher jedoch ging er vom Kaiser aus. — Diesen befriedigte der Ausgleich so, dass er aus eigener Tasche an Richards Stelle 20 000 Mark an Leopold von Oesterreich zahlen wollte, wenn derselbe zu Stande kam. Richard dagegen gab zwar das geforderte Versprechen, aber sogleich wurde der Fall vorgesehen, dass er es nicht erfüllte. Es ist als ein bedeutender Erfolg für ihn und die Fürsten, die zu seinen Gunsten wirkten, anzusehen, dass der König alsdann nur die 50 000 Mark liefern sollte, die er ursprünglich angeboten hatte.

Diese Betrachtungen, die sich aus dem Vergleiche der beiden, bei Roger erhaltenen Schriftstücke ergeben, entsprechen dem, was er über den Verlauf der Verhandlungen zu Worms berichtet. Sie begründen die Abweichung, die sich in ihnen findet, und, vor allem, sie erklären die eigentümliche Fassung des Vertrages in den Artikeln, die das Versprechen Richards betreffen, und die man bisher nicht verständlich zu machen vermocht hat.[1]

Ich nehme daher keinen Anstand, über die Wormser Unterhandlungen zu berichten, dass Heinrich VI. wieder die Belehnung Richards als einzige Forderung erhob, während der gefangene König sich gegen Zahlung von 50 000 Mark auch der zu Speier eingegangenen Verpflichtung entziehen wollte,

---

[1] Z. B.: Toeche 283, Anm. 1.

dem Kaiser gegen Tankred Unterstützung an Schiffen und Mannschaft zu senden. Da Richards Einwilligung nicht zu erlangen war, schlug der Kaiser ihm vor, Heinrich den Löwen zu einem Zuge nach Italien und damit zum Frieden zu bestimmen. Richard war nicht gesonnen, Heinrich VI. zur Sicherung der deutschen Zustände zu verhelfen. Auch die Fürsten, die zu Koblenz den welfischen Bundesgenossen im Stich gelassen hatten,[1]) wünschten doch nicht die volle Wiederherstellung des kaiserlichen Ansehens in Deutschland. So bewirkten sie im gemeinsamen Interesse, dass Richard nur die von ihm selbst gebotene Summe zahlen sollte, wenn er das Verlangen des Kaisers nicht erfüllte.

Am 29. Juni 1193 wurde darauf hin das Abkommen von Worms getroffen. Richard Löwenherz leistete das Versprechen in Betreff Heinrichs des Löwen: ihn zur Heerfolge gegen Tankred zu bewegen. —

Der Vertrag bezeichnete nicht einen Sieg des Kaisers, da Heinrich VI. auf das verzichtete, was ihm zu Speier zugesichert worden war. Und doch hatte es in seiner Macht gestanden, sich Richard vollständig zu unterwerfen. Mochte Philipp August darüber verstimmt sein, dass der Kaiser nicht nach Vaucouleurs gekommen war, es hätte doch nur der leisesten Anregung von Heinrichs Seite bedurft, um ihn zu versöhnen. Wenn er sie nicht gab, wenn er den verhältnismässig ungünstigen Frieden mit Richard dem Gelde vorzog das ihm von Frankreich winkte, so ist es der Beweis dafür, dass er das Bündnis nicht wollte, dass es ihm nur Mittel zum Zweck war. Es hatte ihm zur Versöhnung mit den deutschen Fürsten geholfen. Jetzt wandte er es auch gegen Richard an. Aber als die Drohung unter der veränderten Sachlage nicht mehr die volle Wirkung ausübte, da suchte er, als kluger Realpolitiker günstigere Zeit erwartend, zu erhalten, was für den Augenblick erreichbar schien: den Frieden mit den Welfen.

---

[1]) Gisl. 584.

Der volle Gegensatz zu Toeche ist in den Worten ausgedrückt: nicht zum Kampfe gegen Heinrich den Löwen sollte Richard Löwenherz den Kaiser unterstützen, sondern zur Aussöhnung mit ihm. Das bestätigt, was auf ganz anderen Wegen gefunden wurde. Als Bedingung des Friedens forderte Heinrich von dem Herzoge, was dieser selbst im Jahre vorher angeboten hatte: die Heerfolge nach Italien! Heinrich VI. wollte also die Ruhe in Deutschland, um den Kriegszug nach Apulien unternehmen zu können.[1]

Politische Pläne, nicht materielle Vorteile bestimmten sein Verhalten. Er lehnte die Summen, die Philipp August zahlen wollte, ab und dachte nicht daran um ihretwillen Richard preiszugeben. Den schlagenden Beweis liefert der Verlauf der Verhandlungen von Worms: der gefangene König bot Heinrich VI. 50 000 Mark, wenn er auf seine Hülfe gegen Sicilien verzichte. Der Kaiser wies das Geld zurück. Ihm war mehr wert, dass ihm der Beistand der Welfen gegen Tankred gewonnen wurde.

Der Vertrag gewährt einen seltenen Einblick in das politische Getriebe. Dank seiner war es uns möglich, die Parteien mit ihren Wünschen, mit ihrem Hoffen gegenüberzustellen. In hellem Licht erschien Richards stolze Festigkeit. Sie errang einen bedeutenden Vorteil über den Kaiser, der mit kluger Mässigung den politischen Kampf führte.

Der Vertrag von Worms war ein für Beide ehrenvoller Vergleich.

Die Wormser Abmachungen waren von den deutschen Fürsten beschworen worden, die dafür bürgten, dass Richard nach Zahlung von 100 000 Mark — diese Bestimmung des Würzburger Vertrages war wiederhergestellt worden — und eventueller Stellung von Geiseln entlassen werden würde.[2]

---

[1] Siehe oben S. 27 ff.
[2] Rog. III, 215; Rad. de Cogg. 60. Guil. Neubrig. I, 398.

In der Hoffnung auf den Frieden in Deutschland, in der sicheren Aussicht auf die für die Rüstungen so nötigen Geldmittel, wandte sich Heinrich, sogleich nachdem er Worms verlassen, mit voller Aufmerksamkeit den italienischen Angelegenheiten zu.[1]) Es zeigt, dass er nur durch die Ereignisse in Deutschland gezwungen sie vernachlässigt hatte. In der Lombardei war im Frühjahr 1193 der Kampf zwischen Mailand und Cremona mit ihren Bundesgenossen zum Ausbruche gekommen.[2]) Dort musste der Friede wiederhergestellt werden, um den Durchzug des deutschen Heeres zu sichern. Trushard von Kestenberg wurde mit diesem Auftrage nach Oberitalien gesandt.[3])

Alles kündigte an, dass die Vorgänge, welche seit mehr als einem Jahre die Gemüter bewegt hatten, sich dem Abschlusse zuneigten. Lothar von Hochstaden hatte in Rom die Lösung von dem gegen ihn geschleuderten Banne erreicht, war aber seiner Würden entsetzt worden; nur die Propstei von Koblenz blieb ihm.[4]) Im Oktober 1193 wurde Simon, der Sohn des Herzogs von Limburg, zum Bischof von Lüttich gewählt. Im Geheimen die Appellation der gewaltsam von der Wahl ausgeschlossenen Kanoniker billigend, investierte Heinrich VI. doch im November zu Aachen den Erwählten, um, so meint Gislebert, den Durchzug des englischen Geldes durch die niederrheinischen Gebiete nicht zu gefährden.[5]) Auch Propst Adolf, der nach der Abdankung Brunos zum Erzbischof von Köln erwählt worden war, erhielt damals die Bestätigung des Kaisers.[6])

Wohl auf Betreiben der niederrheinischen Fürsten wurde

---

[1]) Vom 6. Juli bis Oktober 1193 haben wir mit einer einzigen Ausnahme nur Urkunden für Italien: St. 4825—4833. St. 4835.
[2]) Ann. Placent. Guelfi (SS. XVIII, 418); Ann. Brix. 815; Ann. Cremon. 803 u. a.
[3]) Siehe oben S. 16.
[4]) Gisl. 582.
[5]) Aegid. Aureaevall. (SS. XXV, 114); Gisl. 585; Lamberti Parvi Ann. 650.
[6]) chron. reg. Colon. 156. St. 4836. 4837.

als Termin für die Freilassung Richards Montag der 17. Januar festgesetzt. Am 22. Dezember berief der englische König seine Mutter Eleonore und den Erzbischof Walther von Rouen nach Deutschland, damit sie an dem bestimmten Tage bei ihm weilten. Zugleich teilte er ihnen mit, dass der Kaiser ihn an dem Sonntage nach seiner Befreiung mit dem Arelat belehnen würde.[1)]

Toeche[2)] legt wohl nicht mit Recht das Schwergewicht dieser Uebertragung darauf, dass sie „dem Zwiste der Könige von England und Frankreich neue Nahrung gab und Frankreich mit völliger Unterwerfung bedrohte." Auch den Wert oder Unwert der Schenkung zu untersuchen, halte ich für müssig, da es ja bei dem Versprechen derselben blieb.[3)] Wenn die Belehnung des englischen Königs mit dem Arelat den Kampf gegen Frankreich entzünden sollte, ist nicht einzusehen, warum sie nach einigen Wochen unterblieb. Man wird in ihr vielmehr den alten Plan des Kaisers wieder erkennen, Richard zu seinem Lehnsmanne zu machen. Als eine Aussicht, England dem Reiche zu gewinnen, nicht mehr vorhanden war, erteilte der Kaiser das freigebige Geschenk, das ihn zu dem Ziele bringen sollte, welches er von Anfang an verfolgt hatte. Es kam nicht zur Ausführung, weil Richard schliesslich England selbst zu Lehen nehmen musste.

Die Geschichte trug Sorge dafür, dass dramatisch wie der Anfang, so auch der Ausgang des Ereignisses war, welches die Gestalt Richards des Löwenherzigen tief in die Seele des Volkes eingeschrieben hat. Noch einmal erneuerte sich der Kampf, der zu Speier und Worms ausgefochten schien.

[1)] Rog. III, 226.
[2)] Toeche 289.
[3)] Jede Spur, dass an Richard das Arelat thatsächlich übertragen worden sei, fehlt. Vgl. darüber Richard Sternfeld, das Verhältnis des Arelats zu Kaiser und Reich S. 5 ff. und Paul Fournier, le royaume d'Arles et de Vienne 1891. p. 77 ff., der indess zu stark das Unnatürliche eines Bündnisses Deutschlands mit England zu Gunsten einer Verbindung mit Frankreich betont. Wissowa 43 nimmt ohne Angabe von Gründen an, dass die Schenkung wirklich erfolgt sei.

Und eine anmutige Novelle verknüpfte sich mit den verschlungenen Fäden der Politik.

Als Philipp von Frankreich und sein Verbündeter Johann die nahe Freigebung des Feindes erfuhren, wollten sie, unbekümmert um den Vertrag, den Richard am 8. Juli zu Mantes mit ihnen abgeschlossen hatte,[1]) einen letzten Versuch nicht unterlassen, den Kaiser auf ihre Seite zu ziehen.[2]) Schon war Heinrich mit den Fürsten nach Speier gekommen, wo auch Richard weilte, als etwa im ersten Drittel des Januar 1194[3]) wiederum eine Gesandtschaft aus Frankreich sich einfand. Wie im Mai 1193 sollte Heinrich durch grosse Geldsummen bewogen werden, die Gefangenschaft Richards zu verlängern; eine Summe, dem Lösegelde des englischen Königs gleichkommend, wurde geboten, wenn Richard ausgeliefert werden würde. Sich dem Kaiser enger zu verbinden, bat Philipp um die Hand seiner Base Agnes, der Tochter des Pfalzgrafen Konrad.[4]) Heinrich schien geneigt, den Gesandten Gehör zu schenken. Er verschob die Befreiung Richards bis zum 2. Februar.[5])

Agnes war in der Kindheit dem jungen Heinrich von Braunschweig verlobt worden; ihm hatte ihr Herz Liebe bewahrt. Die Mutter, welche für die Tochter an Philipps Seite das Loos Ingeborgs befürchten mochte, berief schnell entschlossen Heinrich auf die Burg Stahleck bei Bacharach. Sie selbst führte die nichtsahnende Agnes dorthin. In stiller Nacht verband ein Priester die Beiden.[6])

Für die schnelle Bereitschaft des Welfen waren jedenfalls politische Gründe massgebend. Die Lage Heinrichs des Löwen war eine hoffnungslose. Die rheinischen Fürsten hatten ihn verlassen;[7]) Richard Löwenherz hatte versprochen, ihn dem

---

[1]) Rog. III, 217.
[2]) l. c. 228; Guil. Neubrig. I, 402.
[3]) Schwartz S. 50.
[4]) Roger III, 224.
[5]) l. c. 229.
[6]) Guil. Neubrig. I, 385. Ann. Stederb. 227.
[7]) Gisl. 584.

Kaiser zu versöhnen. Vergeblich hatte der Sohn bei König Knut von Dänemark Hülfe gesucht.[1]) Die Heirat war geeignet, einen günstigen Frieden mit dem Kaiser herbeizuführen, ganz davon abgesehen, dass sie den Welfen die Aussicht auf die wichtige Pfalzgrafschaft bei Rhein eröffnete. Der Kaiser hatte dieselbe durch die Vermählung mit Agnes dem Herzog Ludwig von Baiern zuwenden wollen.[2]) Die Vereitelung dieses Planes mag es vor allem gewesen sein, die seinen Zorn erregte, als die Nachricht der Vorgänge auf Stahleck an den Hof kam. Allein da Pfalzgraf Konrad sich der Macht der Thatsachen fügte, willigte auch Heinrich VI. ein: am 29. Januar erschien Heinrich von Braunschweig zu Würzburg am Hofe des Staufers.[3])

---

[1]) Arn. chron. V, 20. Der Versuch geschah nicht, wie Schwartz 48 annimmt, nach der Niederlage Adolfs von Holstein, sondern im Sommer 1193 (Toeche 301; v. Heinemann 35. Vgl. unten, die zweite Beilage S. 92.).

Ueber die politische Stellung des Dänenkönigs ist mehrfach gehandelt worden. Toeche 302 spricht bei der Vermählung Ingeborgs mit Philipp August von Knuts Uebertritt zur staufisch-französischen Partei, die überhaupt nicht bestand. Scheffer-Boichorst 493 und Schwartz 30 erzählen von seinem Bunde mit Frankreich gegen Deutschland.

Sie alle und mit ihnen Davidsohn, Philipp II., August und Ingeborg S. 20 berichten irriger Weise, dass die Werbung Philipps in Dänemark „willige" Aufnahme fand. Philipp wünschte die Unterstützung durch eine dänische Flotte gegen England. Das wies Knut rundweg zurück. Und an ein Bündnis mit Philipp, etwa gegen den Kaiser, dachte er so wenig, dass der mit den Franzosen sympathisierende Abt Wilhelm von Eskilsoe, der längere Verhandlungen in Frankreich selbst führte, seinen ganzen Einfluss bei Knut einsetzen musste, nur um die von Philipp geforderte Mitgift zu erwirken. (Guil. Neubrig. I, 368; Rog. IV, 146; epistolae Wilhelmi lib. II, epp. 23 und 61 bei Langebek, SS. VI, 42. 68.)

Dieser letzte wichtige Brief ist meines Erachtens am Tage der Abreise Ingeborgs aus Dänemark geschrieben. Anders Davidsohn 28, auf dessen eingehende Darlegung der Werbung Philipps S. 20—32 ich im übrigen verweise.

[2]) cont. Weingart. 479; Guil. Neubrig. I, 386: factum erat aliter quam volebat (sc. imperator.)

[3]) St. 4846.

Der Friede mit den Welfen war gesichert. Die Pfalzgrafschaft war allerdings ein hoher Preis dafür.

Der letzte feierliche Akt stand bevor. Am 2. Februar 1194 kam zu Mainz eine Versammlung zusammen, wie sie die Regierung Heinrichs VI. so glänzend noch nicht gesehen. Die Erzbischöfe von Mainz, — der vor Kurzem erst sich dem Kaiser versöhnt hatte,[1]) — von Köln und Salzburg, die Bischöfe von Worms, Speier und Lüttich, die Herzöge von Schwaben, Oesterreich und Brabant, der Pfalzgraf bei Rhein, Markgraf Konrad von Montferrat umgaben den Kaiser. Vor sie trat König Richard von England mit seiner Mutter Eleonore, dem Erzbischofe von Rouen, den Bischöfen von Ely, Bath und Saintes.

Jeder erwartete die Befreiung des Gefangenen. Zu aller Bestürzung aber liess Heinrich die französischen Gesandten eintreten und dem Könige die Schreiben Philipps und Johanns überreichen, welche Richards Auslieferung verlangten. Kein Zweifel war möglich, dass der Kaiser zum Bündnis mit Philipp August entschlossen war. Richard verzweifelte völlig.[2])

Es war ein bis in die Einzelheiten fein berechnetes Spiel des Kaisers. Das Verschieben der Befreiung nach dem Eintreffen der Gesandten musste Richard beunruhigen; aber nichts liess Heinrich davon verlauten, dass er auf ihr Anerbieten hin seine Absichten geändert habe. Erst in dem Augenblick, als Richard und alle Fürsten das Ende der Gefangenschaft gekommen wähnten, gab er den Inhalt der erhaltenen Briefe bekannt und erklärte, auf die Wünsche Frankreichs eingehen zu wollen. Er erhob keine Bedingung,[3]) unter der er bereit sein

---

[1]) St. 4845.
[2]) Roger de Hov. III, 231 ff. Die Quellen für den Mainzer Reichstag siehe am Schluss der dritten Beilage.
[3]) Schon Lohmeyer 48 hat richtig bemerkt, dass Richard zu Mainz dem Kaiser die Belehnung antrug, nicht dieser sie verlangte. Das melden übereinstimmend Roger und das additam. ann. Salisb.

würde, Richard freizulassen, und die den Gegenstand von Verhandlungen hätte bilden können. Nur durch die Wucht eines bereits gefassten Entschlusses wirkte er. Was zu Koblenz und Worms im Juli 1193 nur als Drohung in weiter Ferne stand, erschien jetzt als unabänderliche Thatsache. Vergeblich war der Versuch der deutschen Fürsten, Heinrich VI. umzustimmen; seit der sicheren Aussicht auf Versöhnung mit den Welfen war ihnen gegenüber die Stellung des Kaisers eine um vieles gefestigtere.

Nur eines, das wussten sie und das wusste der König selbst, nur eines konnte helfen: das Zugeständnis Richards, England als Lehen von Heinrich VI. anzunehmen.

Nach dem, was sich aus den Verhandlungen zu Worms über das Verhalten des Kaisers ergeben hat, bedarf es hier nicht mehr einer Verteidigung gegen die Anklage, dass er um schnöden Geldgewinnes willen sein Wort gebrochen habe, dass nur die Fürsten ihn gezwungen hätten, nachzugeben. Die Macht Heinrichs war so fest, der Rückhalt, den ihm ein Bündnis mit Philipp gab, so stark, dass niemand durch Drohungen Erfolg bei ihm erhoffen konnte. Es ist nicht denkbar, dass der Kaiser, nachdem er die gleichen Vorschläge schon einmal abgelehnt hatte, im letzten Augenblick um ihretwillen die Pläne, die er seit mehr als einem Jahre durchsetzen wollte, aufgegeben, die Ergebnisse seiner vorsichtigen, seit dem Rückzuge von Neapel geübten Politik aufs Spiel gesetzt habe.

Zu Speier handelte es sich um eine Wiederholung der Vorgänge des Sommers. Das Bündnis mit Philipp August war nicht Zweck, es war nur Mittel.[1]) Rücksichtslos bediente sich Heinrich seiner, um dank dem Zufall, der es ihm in die Hand gegeben, sein Ziel zu erreichen: die Lehnsunterthänigkeit Englands.

Trotz der harten Erkenntnis, dass ihm kein anderer Ausweg bleibe, wollte Richard sich nicht dazu verstehen,

---

[1]) Lohmeyer 48 hat etwas davon gefühlt, wenn er sagt: (Henricus) sperasse mihi videtur, eum (sc. Ricardum), ut tandem aliquando liberaretur, maius pretium oblaturum esse.

in das zu willigen, was er bis dahin als schimpflich weit von sich gewiesen hatte. Erst seine Mutter Eleonore, wohl den Angriff Philipps, die Empörung Johanns fürchtend, wusste seinen ritterlichen Stolz zu beugen. Er liess durch die Fürsten dem Kaiser seine Bereitschaft erklären, England von ihm als Lehen zu nehmen. Darauf konnten am 4. Februar, Nachmittags 3 Uhr, die Erzbischöfe von Mainz und Köln dem Könige verkünden, dass er frei sei.[1])

Aus der Hand Heinrichs VI. empfing Richard Löwenherz sein Königreich. Der Kaiser und die deutschen Fürsten versprachen ihm ihre Unterstützung gegen Philipp und Johann, denen ein von allen Fürsten besiegeltes Schreiben verkündete, dass Richard aus der Gefangenschaft des Kaisers entlassen sei.[2])

Der Reichstag zu Mainz sah damit nicht das unrühmliche Ende eines unklugen, unbeständigen, gewissenlosen Verfahrens.[3]) Heinrich VI. feierte dort den Triumph einer planvollen, aber vorsichtigen Politik.

Richards Lösegeld war zu Würzburg auf 100000 Mark Silber festgesetzt und zu Speier vom Könige zugestanden worden. Bei keiner der späteren Verhandlungen machte der Kaiser irgend einen Versuch diese Summe zu erhöhen. Vielmehr gewährte er mehrfach Zahlungserleichterungen. Die Forderungen, die er erhob, betrafen ausschliesslich die politischen Verhältnisse.

Heinrich hatte zu Würzburg die Lehnsunterthänigkeit Richards und die Unterstützung gegen Tancred verlangt. Zu Speier hatte er auf die Belehnung, zu Worms auf die englische Hülfe gegen Sicilien verzichten müssen. Durch die Uebertragung des Arelats an den König hatte der Kaiser auf anderem Wege zum Ziele kommen wollen. Seiner gewandten Verwertung günstiger Umstände hatte er es zu danken, wenn zu Mainz doch England selbst ein Lehen des Reiches wurde.

---

[1]) Rad. de Dic. II, 112.
[2]) Rog. III, 234.
[3]) So Toeche 295.

Die Eroberung Siciliens stand im Mittelpunkte der kaiserlichen Politik. Ihr machte er die Gefangenschaft Richards nutzbar. Man wird darum berechtigt sein, in dem Verhalten Richards während seines Aufenthaltes auf Sicilien eine Ursache der Feindschaft des Kaisers gegen ihn zu suchen.
Die Belehnung deutete zugleich auf ein grösseres Ziel. Zum ersten Male zeigte sie, Heinrichs letzte Gedanken verratend, den Plan des Weltreiches.
Das trägt in das Ringen zwischen dem Kaiser und seinem Gefangenen ein Moment von hoher weltgeschichtlicher Bedeutung hinein. Sie erscheinen als Vertreter der Prinzipien, aus deren Kampfe in den folgenden Jahrhunderten eine neue Gestaltung der Welt hervorgehen sollte. In Heinrich VI. und Richard Löwenherz treten die Ideen der Universalmonarchie und des nationalen Staates einander gegenüber.

Schlussbetrachtung.

Im Anfang März fand zu Tilleda die Aussöhnung des greisen Heinrichs des Löwen mit dem Kaiser statt, der, soweit unsere Kunde reicht, nur eine Bedingung stellte: der junge Heinrich von Braunschweig musste sich verpflichten, mit dem Kaiser nach Italien zu ziehen.[1]

Dort war am 12. Januar 1194 zu Vercelli der Friede zwischen den lombardischen Städten geschlossen worden.[2] Nachdem Heinrich VI. im April die lokalen Fehden am Niederrhein beigelegt hatte,[3] konnte er den Zug nach Apulien antreten, an dessen Erfolg schon von vornherein nicht zu

---
[1] Ann. Stederburg. 229.
[2] M. G. Leges II, 196.
[3] Toeche 307.

zweifeln war. Am 20. Februar war König Tankred gestorben.¹)

Wir begleiten den Kaiser nicht auf der Siegesfahrt nach Palermo. Neue Arbeit harrte seiner dort, neuen Plänen wandte er sich zu. Die Zeit, welche uns beschäftigt hat, zeigte Heinrich VI. einer bescheideneren Aufgabe gegenüber. Dafür war es ihm vergönnt, sie zu lösen. Und vielleicht trägt das Bild, das sich von der Politik des Kaisers in den Jahren zwischen den beiden italienischen Zügen von 1191 und 1194 entrollt hat, dazu bei, diesem oder jenem die Persönlichkeit Heinrichs VI. näher zu bringen und das Verständnis seiner späteren, grossartigeren Unternehmen zu erleichtern.

Seit dem Rückzuge von Neapel im August 1191 bis zu dem Frieden mit den Welfen im März 1194 hatte die Eroberung Siciliens das Verhalten des Kaisers bestimmt. Sie hatte ihn dem Papste verfeindet und seine Doppelstellung in der Lombardei geschaffen. Sie war der Grund seines Zögerns gegen die Welfen, seiner Fügsamkeit gegenüber den deutschen Fürsten. In Sicilien lagen die Ursachen seiner Feindschaft gegen Richard Löwenherz; gegen Sicilien nutzte er das Unglück des Königs aus. Richards Gefangenschaft gewährte ihm die Mittel für die Heerfahrt gegen Tankred. Sie löste das Bündnis, das einst Richard mit diesem geschlossen. Sie trug dazu bei, ihm die empörten Fürsten zu unterwerfen, die Ruhe in Deutschland herzustellen und auch dadurch die Eroberung Siciliens vorzubereiten.

Ausserdem aber gelang es dem Kaiser, England unter seine Lehnshoheit zu bringen. Der Gewinn Siciliens war ihm nur der erste Schritt zur Verwirklichung eines grösseren, gewaltigeren Unternehmens. Sein Ziel war das Weltreich.

Noch lebte der Gedanke an ein weltbeherrschendes Kaisertum in den Anschauungen der Zeit.²) Und Heinrich VI. konnte

---

¹) Toeche 322.
²) Toeche 486 ff.

wie kein Anderer die Hoffnung hegen, ihn zur That werden zu lassen.

Heinrich war erst ein zwölfjähriger Knabe, als Friedrich I. in wahrhaft grosser Weise seine Niederlage im Kampfe gegen den Papst besiegelte. Der heranreifende Jüngling sah den Fall Heinrichs des Löwen, des grossen Gegners seines Vaters. Er war zugegen, als der Konstanzer Friede die lombardischen Städte dem Reich aufs Neue verband. Seine Schwertleite fand zu Mainz auf jenem Pfingstfeste des Jahres 1184 statt, welches noch lange durch die Sänger im Volke lebte als das glänzendste Schauspiel deutscher Kaiserherrlichkeit. An der Spitze des Abendlandes war Friedrich I. auf den Kreuzzug gezogen, der ihn im Saleph sein fernes Grab finden liess. Der Sohn, den er zu seinem Nachfolger bestimmt, hatte als Erbe die deutsche Kaiserkrone, zur Mitgift das Königreich Sicilien erhalten. Mühelos war ihm in den Schoss gefallen, um was Geschlechter auf Geschlechter, die vor ihm die königliche Krone Deutschlands getragen, vergeblich gekämpft hatten.

Die Fürstenempörung hätte den Kaiser mahnen können, sich zu bescheiden und seine volle Kraft den deutschen Ländern zuzuwenden. Allein schnell wurde sie überwältigt, und völlig gefestigt stand danach die staufische Herrschaft in Deutschland. Der junge Fürst hatte nie die Grenzen der Macht kennen gelernt. So konnten die Wünsche ins Masslose schweifen. So konnte sein gedankenvoller Geist in seinen Plänen eine Welt umfassen.

Mitten aus den Versuchen, sie durchzuführen, raffte der Tod den Kaiser dahin. Mit ihm stürzte sein noch unfertiges Werk zusammen.

So weit nach der Geschichte seiner ersten Regierungsjahre geurteilt werden darf, wäre er fähig gewesen, seine grossen Aufgaben zu erfüllen. Er erschien durchaus als praktischer Politiker mit richtiger Erkenntnis des Erreichbaren und geschickter Benutzung der Mittel, die ihn zum Ziele führen konnten. Mit Umsicht und Beharrlichkeit bereitete er nach dem Mislingen des ersten Zuges in Italien und Deutschland die neue Heerfahrt vor, um sich den Sieg unzweifelhaft zu sichern. Die Art, wie er sich den Ereignissen anzupassen und sie dadurch in seinen Dienst zu zwingen, seinen Ideen zu unterwerfen wusste, lässt einen bedeutenden Staatsmann erkennen.

Allerdings fehlte dem vom Glücke Getragenen die ernste, sittliche Grösse seines Vaters. Er war nicht wählerisch in seinen Mitteln, doppelzüngig in seinen Versprechungen, er scheute nicht vor Gewaltthat zurück. Herbe, unerbittliche Strenge bewies er gegen Richard Löwenherz. Aber gerade in dem bewegten diplomatischen Kampfe der beiden Fürsten spürte man etwas von der überragenden Persönlichkeit des frühgealterten Kaiserjünglings, deren machtvoller Eindruck die Zeitgenossen in ihren Bann zwang.

Das Leben Heinrichs VI. gleicht dem Fragmente, an dem der Künstler nach Gunst und Laune dies flüchtig angedeutet, jenes liebevoll ausgeführt hat. Es lässt den grossen Meister ahnen, aber nicht ihn klar erkennen. Er musste den Beweis schuldig bleiben, dass er es verstanden hätte, das Ganze einheitlich zu gestalten und durchzuführen. Ideen zeigen ihre Berechtigung, Charaktere läutern sich im Kampfe. Heinrich VI. hatte keinen ebenbürtigen Gegner. Erst nach seinem Tode trat Innocenz III. auf.

Beilagen.

Erste Beilage.
Zur Chronologie der Ereignisse in Niedersachsen.

Arnold von Lübeck, dessen Chronik unsere wichtigste Quelle für die Kämpfe in Niedersachsen ist, giebt für dieselben keine sicheren Daten an. Er berichtet nur, dass sie mit der an einem 22. Februar beginnenden Belagerung Lauenburgs durch Bernhard von Sachsen schlossen.

Die Kämpfe begannen im J. 1191; man hatte die Wahl, sie in ein Jahr bis zum 22. Februar 1192 zusammenzudrängen oder sie auf 2 Jahre auszudehnen. Abel 303 verteilte die Erzählungen Arnolds (lib. V, c. 7—12) auf die Jahre 1191 und 1192, indem er den Beginn der Belagerung Lauenburgs auf den 22. Febr. 1193 ansetzte. Toeche 548 und nach ihm Schwartz 38 weisen dagegen den Bericht Arnolds völlig dem Jahre 1191 zu.

Schwartz 39 wies auf die sächsische Weltchronik hin (M. G. Chroniken II, p. 234), die das Kapitel, welches dem Bericht vom Tode Wichmanns (25. Aug. 1192) folgt, mit den Worten beginnt: de hertoge Bernhard ward oc vordes segelos vor Louenburch. Er schloss daraus, dass die Belagerung im Febr. 1192 begonnen habe. Indessen ist der kompilierte Bericht der Weltchronik zu wenig chronologisch genau, als dass man ihn als entscheidend betrachten darf. c. 335 sagt falsch: twe jar er des keiseres dode tovorde de hertoge Heinric Bardewic. Bardewik wurde aber am 28. Okt. 1189 genommen. Das c. 337 erzählt späteres als c. 338. In c. 350 wird zum J. 1213 fälschlich an das vorhergehende Kapitel mit darna angeknüpft.

Der Beweis, den Schwartz weiter aus den Anknüpfungen Arnolds mit „post haec" und „inter haec" zu führen suchte, dass alle Ereignisse in das J. 1191 gehören, muss ganz verfehlt genannt werden.

Man ging bisher davon aus, dass Graf Adolf von Schaumburg, der nach seiner Rückkehr sogleich gegen Lübeck zog (V, 8), im Dezember 1190 schon in Holstein eintraf: am 24. Dez. 1190 bestätigte er den Freibrief Friedrichs I. für Hamburg (Schleswig-Holstein. Regesten I, n. 166). Eine entgegenstehende Nachricht sucht Toeche 160 Anm. 1 zu beseitigen. In einer Urkunde Heinrichs VI. nämlich, gegeben zu Lodi 1191. ian. 20. (St. 4669), erscheint unter den Zeugen ein comes Adolfus de Scombetus, der allgemein mit dem Grafen von Schaumburg identifiziert worden ist. Auch ich kann weder in Deutschland noch in England — da die Königin Eleonore von England damals am Hofe ist, wäre es ja möglich an einen ihrer Begleiter zu denken — irgend einen andern Grafen nachweisen, auf den der Name einigermassen passen würde. Toeche 160 hält indess die Urkunde für so verstümmelt, dass er sie nicht berücksichtigen zu müssen glaubt. Dank der Güte des Herrn Professor Scheffer-Boichorst war es mir gestattet, die für die M. G. besorgte Abschrift einzusehen. Sie beruht auf einer jüngeren Handschrift saec. XIV. des codex Wangianus, dem wiederum nicht das Original, sondern eine beglaubigte Abschrift aus dem Jahre 1209 vorlag. Die Urkunde hat danach die richtige intitulatio: Heinricus VI. Romanorum rex et semper augustus, so dass als einziges Verdachtsmoment die „Elizabeth Regina Variet" übrig bleibt, die nach der Königin Eleonore unter den Zeugen genannt wird. Wir wissen nun (Bened. Peterb. II, 157; Itinerarium regis Ricardi ed. Stubbs p. 175), dass Eleonore damals mit Berengaria, der Tochter des Königs von Navarra auf dem Wege nach Sicilien war.

Palaeographisch ist es mühelos zu erklären, dass ein „fi" für „E" gelesen wird. Es kann daher kaum einem Zweifel unterliegen, dass der Abschreiber, der von einem Königreich Navarra nie gehört hatte, statt der

„filia regis navarie"[1]) in der Vorlage eine „Eliz. regina Variet" gelesen hat. Das Schluss-t beruht wohl auf einer Schreibereigentümlichkeit in der Vorlage; im Kontext findet sich einmal „sollicitat" statt „sollicita".

Die Urkunde ist uns demnach schlecht überliefert, aber durchaus unanfechtbar. Am 20. Januar 1191 war Graf Adolf von Schaumburg in Lodi, wo er auf der Rückkehr aus dem heiligen Lande mit dem Kaiser zusammentraf. (Also nicht in Schwaben, wie Arn. V, 7 berichtet.)

Der Fehler ist in der Bestätigungsurkunde für Hamburg zu suchen. Auch sie ist nur in einem Kopialbuch überliefert. Ihr Datum 1190 erregt von vornherein Bedenken; denn wenn Hamburg so treu zu Adolf stand, dass er der Stadt unmittelbar nach der Rückkehr ihren Freibrief bestätigt, ist unverständlich, weshalb die Bürger nach dem Gefecht bei Boizenburg seine Ankunft fürchten und zu ihm senden, um ein Bündnis mit ihm abzuschliessen (Arn. V, 10). Da nun der Graf sicher 1190 nicht in Holstein war, aus der Zeugenreihe aber unzweifelhaft hervorgeht, dass die Urkunde in der Nähe Hamburgs ausgestellt wurde, so darf man vielleicht annehmen, dass Adolf am 24. Dez. 1191 den Freibrief Barbarossas bestätigte, als er auf der Insel Gorieswerder den Zug gegen Stade vorbereitete.

Man gewinnt damit folgende Datierung: etwa März 1191 Ankunft des Grafen Adolf in Holstein; während des Sommers Belagerung von Lübeck und Reise Adolfs zu Knut von Dänemark; im Herbst Gefecht bei Boizenburg; um Weihnachten rüstet Adolf bei Hamburg zum Zuge gegen Stade. Die Einnahme Stades, die Einfälle der Welfen in die Grafschaft, der Fall Lübecks gehören in das Jahr 1192. Erst am 22. Febr. 1193 erscheint Herzog Bernhard vor der Lauenburg (Arn. V, 16).

---

[1]) Die Möglichkeit, dass im Originale „filia b. regis navarie" stand — welche die Auflösung Elizabeth noch mehr erleichtern würde, — scheint mir wegen der ungewöhnlichen Stellung des Namens doch eine geringere.

Zweite Beilage.
Über die Datierung von Jaffé-Löwenfeld 16938, 16938α, 16938β.

In den Schlesw. Holstein. Reg. I hat Hasse in den Nummern 173, 175, 184 aus Abschriften im Kopenhagener Archiv drei Papstbriefe abgedruckt, die bisher nur aus sehr unvollkommenen Regesten bei Pertz (Archiv d. Gesellschaft f. ält. deutsche Geschichtskunde VII, 884) bekannt waren. Usinger 64, Toeche 235 und Dehio II, 110 konnten danach den von ihnen vermuteten Inhalt der Briefe ihrer Auffassung der Ereignisse einordnen. Der jetzt vorliegende Druck bereitet starke Ueberraschungen.

Schon Löwenfeld, der in der Neuausgabe der Papstregesten die drei Briefe im Anhang unter n. 16938, 16938α, 16938β aufführte, hat richtig erkannt, dass sie aufs engste zusammengehören und jedenfalls gleichzeitig in der päpstlichen Kanzlei geschrieben sind. Die Briefe 16938 u. 16938α an den dänischen Klerus und Erzbischof Absalon von Lund stimmen zum Teil wörtlich überein; beide weisen auf ein päpstliches Schreiben an König Knut hin. In diesem, 16938β, wird ausdrücklich die Vollmacht mitgeteilt, die Absalon in dem uns vorliegenden, an ihn gerichteten Schriftstück 16938α erhält.

Ihr Zweck ist, König Knut durch das päpstliche Schreiben wie durch die Mahnungen des dänischen Klerus und namentlich das energische Vorgehen Absalons zur Freilassung des gefangenen Bischofs Waldemar von Schleswig zu veranlassen.

In dem Brief an den dänischen Klerus ist das Datum

überliefert: Laterani X. kal. Januarii. Pontificatus nostri anno secundo. Die Angabe anno domini MCDCCCCIII (1193?), die dem Brief an Knut beigefügt ist, kann als ein späterer Zusatz von andrer Hand nicht in Betracht kommen. Da das zweite Jahr Coelestins vom 14. April 1192 — 14. April 1193 reicht, so sind alle drei Briefe am 23. Dezember 1192 geschrieben.

Aber Waldemar ist nach allen bisherigen Annahmen erst im Jahre 1193 gefangen genommen worden!

Mit Ausnahme der Annales Ryenses (SS. XVI, 404) und der Ann. Nestvedenses (SS. XXIX, 219) berichten die dänischen Quellen, dass Bischof Waldemar im Jahre 1193 in die Gewalt des dänischen Königs geriet: so die Ann. Lundenses (SS. XXIX, 206), die Ann. Waldemariani (l. c. 177), chron. Danica Sialandica (l. c. 213), Ann. Essenbec. (l. c. 225), Ann. regii (Islandske Annaler ed G. Storm. Christiania. p. 120). Der Widerspruch der annalistischen, von einander unabhängigen Nachrichten mit der urkundlichen Ueberlieferung der Papstbriefe zwingt zu einer eingehenden Prüfung beider.

1) Gegen das Datum der Briefe erhebt sich zunächst ein rein äusserliches Bedenken. Es heisst in dem Schreiben an Absalon: miramur autem non modicum, quod, cum super negocio isto alia vice scripta nostra miserimus, quae mandavimus, sicut accepimus, non fuerit impleta.

Als frühesten Zeitpunkt der Gefangennahme dürfen wir den 8. Juli annehmen (Ann. Lund.). Der Papst müsste also die Nachricht davon erhalten, Verhaltungsbefehle an Erzbischof Absalon geschickt und schon am 23. Dezember wieder erfahren haben, dass der Erzbischof dieselben nicht ausgeführt habe.

Erscheint dies schon bei günstigen Bedingungen als unwahrscheinlich, wie viel mehr im Jahre 1192, wo die Wege zum Papst gesperrt waren, wo den Boten zu ihm überall aufgelauert wurde, wo der Kardinallegat Cinthius nur nach mehrmonatlichen Mühen endlich von Dänemark nach Rom gelangte! (Translatio S. Bernwardi in Acta Sanct. Bolland. Octob. XI, p. 1024).

Es ist aber auch der Inhalt der Briefe nicht vereinbar mit den Urkunden, die Coelestin III. in den ersten Monaten des Jahres 1193 für dänische Bischöfe ausstellte. Am 23. Dezember ist der Papst dem Erzbischof Absalon nichts weniger als freundlich gesinnt. Er macht ihm strenge Vorwürfe wegen der Nichtausführung seiner Befehle. Den Bischöfen von Ripen und Roeskilde droht er sogar mit der Suspension. Nichtsdestoweniger erhalten am 30. Januar und 25. Februar 1193 der Bischof von Ripen (J.-L. 16951. 16958), am 12. Februar der Bischof von Roeskilde, am 20. März Erzbischof Absalon päpstliche Privilegien (J.-L. 16953. 16967).

Und schliesslich darf man auch wohl auf die schwache Politik Coelestins III. hinweisen, welche sein rasches und energisches Auftreten aus eigener Initiative nicht sehr wahrscheinlich macht, ganz davon abgesehen, dass seine Verwendung für Waldemar dem Kaiser zu gute kommen musste, mit dem Coelestin damals besonders schlecht stand.

Wie dem immer sei, der Widerspruch der drei Briefe mit den annalistischen Nachrichten, ihr Gegensatz zu den gleichzeitigen päpstlichen Urkunden, die Unwahrscheinlichkeit, dass Papst Coelestin bereits am 23. Dezember 1192 von allem Nachricht hatte, worüber er eingehend spricht, führen zu der Vermutung, dass die drei Schreiben nicht vom 23. Dezember 1192 sind.

2) Die Autorität der urkundlichen Datierung ist erschüttert. Es bedarf noch des positiven Beweises, dass die Angaben der Annalen richtig sind und Bischof Waldemar erst im Jahre 1193 in Gefangenschaft geriet.

Dazu bieten sich zwei Wege. Die Gefangennahme des Bischofs fand nämlich in dem seiner Flucht folgenden Jahre statt (Ann. Lund.; ann. Waldemariani; ann. regii Island.). Die annalistischen Nachrichten werden daher ebenso durch die Feststellung bestätigt, dass Bischof Waldemar im Jahre 1192 sich noch in Schleswig aufhielt, wie durch den Nachweis, dass er erst 1193 gefangen wurde.

a) Die Anwesenheit Bischof Waldemars in Schleswig im Jahre 1192 — während er, ist das Datum der Briefe zutreffend, schon 1191 von dort geflohen sein muss, — lässt sich mit völliger Sicherheit nicht behaupten. Allerdings berichtet die auf Grund alter Urkunden und Ueberlieferungen im Jahre 1289 verfasste narratio de fundatione monasterii Gulholmensis (SS. XXIX, 238):

Episcopus (scil. Waldemarus) autem aedificari fecerat monasterium in suo fundo proprio, qui Gulholm danice vocatur, et imposuit illi nomen aurea insula, ibique conventum de Esserom allatum collocaverat. Contulit quoque eidem monasterio de suo patrimonio praedia multa et multa promisit ... Sed heu! proh dolor! fefellit eum spes eius et non est datum perficere opus propositum suum tam pium. Nam non longe post captivatus est et de regno expulsus .... Anno Domini 1192 pridie Idus iunii conventus venit in auream insulam: eodem anno, decimo kal. iunii, in die ascensionis Domini Waldemarus episcopus Slesvicensis consecravit cimiterium et claustri ambitum in Gulholm et contulit eidem monasterio decimas quattuor ecclesiarum prius ad mensam suam spectantes, videlicet ecclesiae S. Michaelis, in Monte-Halleby, Nybölle et Tolge, donatione perpetua et eandem donationem roboravit privilegiis satis firmis.

Doch fällt nicht 1192, sondern 1191 der Himmelfahrtstag auf den 23. Mai. Waitz will daher (SS. XXIX, 204 n. 2) die ganze Nachricht dem Jahre 1191 zuweisen. Dem steht entgegen, dass alle über die Gründung des Klosters Gulholm erhaltenen Nachrichten sie in das Jahr 1192 setzen: Ann. Ryenses (SS. XVI, 404): 1192. conventus mittitur in Gulholm. Ebenso die Tabulae fundationum abbat. Cisterciens. (Janauschek, origines Cistercienses I, p. 298). Auch die unrichtige Nachricht der Ann. Colbazenses (SS. XIX, 716): 1192 conventus venit in Rure regio — das Kloster wurde erst 1210 von Gulholm nach dem Ruhkloster verlegt — ist für die Jahresbestimmung heranzuziehen. Danach scheint es sicher, dass die Mönche von Esrom erst 1192 nach Gulholm gekommen sind.

Dem Schreiber des Berichtes lag eine Urkunde des Bischofs Waldemar vor; das geht aus seiner Ausdrucksweise und dem

Vergleich mit einer Bestätigungsurkunde König Knuts für das Michaeliskloster vom 31. März 1196 (Schlesw. Holstein. Reg. n. 199) bestimmt hervor. Ob die Urkunde 1191 mit dem doppelten Tagesdatum ausgestellt worden ist, und ein Irrtum des Schreibers in der Anknüpfung mit eodem anno vorliegt, oder ob die Urkunde vom Himmelfahrtstage 1192 datiert war, und der Verfasser sich bei der Berechnung des Tagesdatums in den Ostertafeln um ein Jahr versehen hat, mag ich nicht sicher entscheiden.

Trotz der bestimmten Worte der narratio: conventum de Esserom allatum collocaverat wäre es möglich, dass Bischof Waldemar im Jahre 1191 das Kloster Gulholm habe erbauen lassen, aber bei der Besitznahme durch die Mönche am 12. Juni 1192 nicht mehr in Dänemark war.

b) Dafür erhalten von andrer Seite alle Zweifel und Bedenken gegen die Briefe des Papstes ihre Bestätigung.

Zugleich mit dem Einfall, den Bischof Waldemar von Norden her in das dänische Königreich machte, drang der ihm verbündete Graf Adolf von Schaumburg in Schleswig ein. Sich an diesem zu rächen, unternahm König Knut einen Angriff auf Holstein (Arn. chron. V, 17).

Die dänischen Annales Lund. 206, Ryenses 404, Waldemariani 177, chron. Dan. Sial. 213 und die sächsische Weltchronik 235 weisen denselben übereinstimmend in das Jahr 1194. Da Arnold (V, 20) berichtet, dass nach der Aussöhnung Heinrichs des Löwen mit Heinrich VI. (im März 1194) in Sachsen Friede herrschte, zu Lande und zu Wasser keine Raubzüge mehr erfolgten, da er ferner mitteilt, dass man in dem Zuge Knuts eine Unterstützung Heinrichs des Löwen sah (V, 17), so muss der Einfall des dänischen Königs vor der Versöhnung der Welfen mit dem Kaiser stattgefunden haben, in den ersten Wochen des Jahres 1194. Am 28. Februar ist Adolf von Schaumburg schon in Saalfeld am Hofe des Kaisers. (St. 4819.)

Adolf hatte nach der Gefangennahme Bischof Waldemars den Angriff der Dänen erwartet und den Markgrafen Otto von

Brandenburg zu seiner Unterstützung herbeigerufen. Nach langem vergeblichen Warten war dieser wieder abgezogen, als plötzlich der Dänenkönig anrückte (Arn. V, 17). Graf Adolf wird in der Zeit, wo er des feindlichen Vorstosses harrte, sich nicht lange und weit aus seinem Lande entfernt haben. Wenn wir ihn daher mindestens während des Juni 1193 am kaiserlichen Hof am Rhein finden (St. 4819. 4820), so dürfen wir annehmen, dass er erst danach den Einfall in Schleswig unternahm, der dem Angriffe Waldemars gleichzeitig war.

Aus diesen Betrachtungen ergiebt sich, dass Bischof Waldemar zwischen dem Juni 1193 und dem Anfang des Jahres 1194 gefangen genommen wurde.

Und hier sei daran erinnert, dass auch die dänischen Annalen (s. oben S. 88), die für sich allein nicht gegen das gewichtige Zeugnis der Papstbriefe aufkommen konnten, dies Ereignis in das Jahr 1193 setzen.

Die Ann. Lund. geben an, dass sich König Knut des Bischofs am 8. Juli bemächtigte. Toeche (S. 303, Anm. 4) erhebt Bedenken dagegen, weil Adolf von Schaumburg noch Ende Juni beim Kaiser geweilt habe; sie müssen gegen Schwartz 48 aufrecht erhalten werden.

Die Annales Nestvedenses bezeichnen als Tag der Gefangennahme den Stephanstag, unter dem Usinger 66 und Toeche 303 den 26. Dezember verstanden. Allein dann hätte Graf Adolf nicht lange Zeit vergeblich auf den Angriff König Knuts warten können, der ja Anfang 1194 erfolgte.

Die Schwierigkeiten lösen sich, wenn man mit Suhm (historie af Danmark VIII, 283) den 2. August (Stephanus papa) als den von den Annalen angegebenen Stephanstag ansieht.

Ob am 8. Juli oder am 2. August, jedenfalls im Sommer 1193 wurde Bischof Waldemar gefangen.

Es ist also durchaus unmöglich, dass die drei Papstbriefe, die für seine Freilassung eintreten, am 23. Dezember 1192 geschrieben sind.

G. Storms interessanten Aufsatz über die Verbindung

Bischof Waldemars mit den Oskjäggern auf den Orkneyinseln (Historisk Tidskrift. Anden Raekke. Femte Bind. 214) wage ich nicht für die chronologische Festsetzung zu verwerten. Er würde die obige Beweisführung noch unterstützen.

3) Es bleibt übrig zu untersuchen, welchem Jahre die päpstlichen Schreiben zuzuweisen sind. Den politischen Verhältnissen nach würden sie am besten, wenn nicht einzig und allein, in das Jahr 1195 passen. Am 29. Dez. 1194 hatte sich Heinrich VI. des Erzbischofs von Salerno bemächtigt (Toeche 343). Nach der Annäherung, die zwischen dem Kaiser und der Kurie im Frühjahr 1195 erfolgt war, verwandte sich der Papst bei Heinrich VI. für die Freilassung des Erzbischofs; Heinrich antwortete durch den Hinweis auf Waldemar von Schleswig. Innocenz III. schreibt darüber am 5. Dez. des Jahres 1203 an König Waldemar von Dänemark, bei dem er zu Gunsten des Bischofs Waldemar einschritt (reg. Innoc. III., lib. VI. n. 181):

Nec potuit usque adeo id reges terrae latere, quin ad excusandas excusationes in peccatis ex hoc quasi quamdam defensionem qua suum tenentur errorem, assumerent, et captionem ac detentionem ipsius episcopi contra mandatum apostolicum in similibus allegarent, cum H. quondam imperator, qui venerabilem fratrem nostrum ... Salernitanum archiepiscopum, in exilium destinarat, bonae memoriae C. papae, predecessori nostro, pro liberatione ipsius instanti per nuntios suos et litteras apud eum, non dubitaverit respondere, quod prius et fortius fuerat apud regem Danorum instandum, ut praedictus Sleswicensis episcopus restitueretur pristinae libertati, qui prius raptus fuerat, et in vinculis tenebatur, quam pro eo, quem ipse, ne vitae vel regno eius insidiari valeret, faciebat in Teutonia citra vincula et carceres commorari.

Die Worte Coelestins an Knut (J.-L. 16938 β): tamen merito est timendum, ne tam gravis enormitas excessus a perversis hominibus in exemplum audacie protrahatur et magnificentie tue tempore ex tali occasione libertas ecclesiastica intolerabilem incurrat lesionem erhalten dadurch eine ganz bestimmte Bedeutung. Heinrich VI. drang im J. 1195 auf die Befreiung des ihm verbündeten Bischofs Waldemar. Der Papst selbst musste dafür eintreten, um bei dem Kaiser für den Erzbischof von Salerno wirken zu können.

Es gab damals noch eine andre Macht, die ein Interesse daran hatte, dem König von Dänemark bei der Kurie Schwierigkeiten zu bereiten: Frankreich. Im Herbst 1194 waren dänische Gesandte nach Rom gekommen (Davidsohn 54 ff.) und hatten im Mai 1195 die Nichtigkeitserklärung der Ehescheidung Ingeborgs erreicht (J.-L. 17241). Im Sommer aber wuchs der Einfluss der französischen Partei in Rom so sehr, dass die Gesandten heimlich, nur mit Wissen des Papstes, aus Rom entwichen. Der Kanzler Andreas entschuldigte sich bei dem Kardinalbischof von Ostia mit den Worten: multorum erat opinio, et invalescebat assertio, quod mihi multis in locis ad me capiendum laquei tenderentur, nec eos possem evadere, nisi me maris discrimini commisissem (Epp. Wilhelmi II, 33 bei Langebek, script. rer. Dan. VI, 52).

Es wäre wohl denkbar, dass die Kardinäle, die Philipp August wohlgesinnt waren, den Papst durch den Hinweis auf Knuts Verhalten dem Bischof Waldemar gegenüber zu feindlichen Schritten gegen Dänemark zu verleiten suchten.

So würde Coelestin im Dezember 1195 vom Kaiser und von Philipp August zum Vorgehen gegen Knut veranlasst worden sein. Ihm selbst musste daran liegen, die Gefangenschaft Waldemars aufgehoben zu sehen, die der Würde der Kirche schadete, die sein Eintreten für Ingeborg in Frankreich, für den Erzbischof von Salerno in Deutschland hinderte.

Dass die Verwechslung einer II mit einer V eine der am häufigsten vorkommenden ist, kann der Ansicht wohl zur Stütze dienen, dass die drei Papstbriefe vom 23. Dezember nicht in das zweite, sondern in das fünfte Pontifikatsjahr Papst Coelestins gehören, also am 23. Dezember 1195 geschrieben sind.

Immerhin kann hier die Erörterung nur angeregt werden. Ein endgiltiger Entscheid muss auf eingehender Kenntnis der nordischen Verhältnisse beruhen, deren Chronologie sehr verwirrt ist. Die Ordnung der Briefe des Abtes Wilhelm von Eskilsoe und eine Untersuchung der prächtigen Sverressaga sind dafür nötige Aufgaben, deren Lösung auch für die deutsche Geschichte, vor allem natürlich Niedersachsens und der Ostseeländer, wertvoll ist.

Dritte Beilage.

Über die Teilnahme der sächsischen Fürsten an der Empörung des Jahres 1193.

Nachdem gezeigt wurde, dass im Herbst 1192 eine Empörung der sächsischen Fürsten nicht stattgefunden hat, ist zu untersuchen, ob die am Kampfe gegen die Welfen beteiligten Fürsten Nieder- und Südsachsens an der Empörung gegen den Kaiser im J. 1193 teilgenommen haben. Toeche nimmt es unbedingt an.

Von Berichten kommen nur in Betracht: Gerlaci chron. 185: accidit ea tempestate, ut quidam principes de Saxonia opponerent se imperatori und die Ann. Marbac. 166: facta est coniuratio valida adversus imperatorem, antequam iret secundo in Siciliam, per orientales Saxones, et inferioris terrae principes et per episcopos Moguntinum et Coloniensem.

Wir wissen, dass die Welfen, der Landgraf von Thüringen und Albrecht von Meissen an der Verschwörung beteiligt waren (Siehe oben S. 49.). Weitere Schlüsse lassen auch die obigen Nachrichten nicht zu.

Nur dürftig sind wir über das unterrichtet, was sich in Sachsen während des J. 1193 ereignete.

Eherhard von Merseburg erhielt 1193 günstigen Entscheid des Kaisers gegen Abt Siegfried von Pegau (Cohn, Pegauer Annalen 47).

Am kaiserlichen Hofe treffen wir Berthold von Zeitz (am 29. März St. 4802 und im Dezember St. 4839. 4841) und

Adolf von Schaumburg (im Juni St. 4819. 4820), der sich vielleicht die Zustimmung des Kaisers zur Unterstützung Waldemars von Schleswig holte.

Mit Adolf kämpften gegen die Welfen und Knut von Dänemark im J. 1193 Bernhard von Sachsen und Otto II. von Brandenburg (Arn. V, 17).

In einer Urkunde des letzteren von 1193 (Riedel, cod. dipl. Brandenburg. A. 10, 408) erscheint neben Herzog Bernhard als Zeuge der Erzbischof Ludolf von Magdeburg, der durchaus staufisch gesinnt war (Vgl. über ihn Kohlmann, Ludolf von Magdeburg. Hall. Diss. 1882).

Ludolf war am 16. Mai von Bischof Dietrich von Halberstadt geweiht worden (Kohlmann 17).

Als Dietrich am 10. Aug. starb, folgte ihm in seinem Bistum Gardolf, welcher dem Kaiser sehr nahe stand. (Gesta ep. Halberstad. SS. XXIII, 110).

Dieses lockere Gewebe enthält alles, was uns an Nachrichten zur Verfügung ist. Bedeutsamer fallen gegen die Beteiligung der Fürsten an dem Aufstande ins Gewicht die Bedenken, die sich gegen ihre Aussöhnung mit den Welfen erheben.

Es erscheint mir daher gerechtfertigt, so lange an einer Teilnahme der sächsischen Fürsten an der Empörung von 1193 zu zweifeln, bis dieselbe durch positive Nachrichten beglaubigt wird.

Trotzdem die Verwirrung in dem Berichte der gesta ep. Halberstad. 110 schon durch Toeche 555 hinreichend nachgewiesen ist, möchte ich noch einmal auf denselben hinweisen. Es wird darin erzählt, dass der Erzbischof von Mainz die Weihe Gardolfs wegen dessen Verbindung mit Heinrich VI. verweigerte.

Es ist nun in einem Halberstädter Formelbuch des J. 1193/4 ein Brief Gardolfs über seine Wahl erhalten, der mit den vorhandenen Urkunden so trefflich übereinstimmt, dass an seiner Glaubwürdigkeit nicht wohl gezweifelt werden kann. (Gedr. UB. des Hochstifts Halberstadt I, 311. Vgl. Winter, Zeitschrift des Harzvereins 1869. II, 192 und Schmidt, ebenda 1874. VII, 52. 53.)

Gardolf erzählt, dass wegen der Uneinigkeit des Kapitels nach dem Tode des Bischofs Dietrich — am 10. Aug. 1193 (Schmidt, a. a. O. 53) — die Wahl so lang als möglich hinausgeschoben wurde. Gardolf wurde zum Kaiser gesandt. Nach seiner Rückkehr wurde er gewählt, darauf vom Kaiser investiert und sogleich vom Erzbischofe von Mainz geweiht: ergo electione celebrata, tempore primo a domino imperatore investitus sum et subsequenter a domino Maguntino sacerdotalem et episcopalem benedictionem ... suscepi.

Höchst wahrscheinlich war Gardolf im Oktober am kaiserlichen Hofe (St. 4834; Schmidt, a. a. O.). Am 2 Januar 1194 ist er wieder dort als electus (St. 4840); am 28. Februar unterzeichnet er als episcopus (St. 4849). Im Oktober also wurde er vom Kaiser designiert, im Januar nach seiner Wahl investiert und vor dem 28. Febr. durch den Erzbischof geweiht.

Es steht daher fest, dass Konrad von Mainz nicht die Weihe Gardolfs verzögert hat, wie die gesta ep. Halberstad. berichten.

Nach dem 11.—18. Nov. 1193 sind Gardolfus electus, Berno von Hildesheim, Eberhard von Merseburg Zeugen bei Konrad von Mainz. (Boehmer-Will, n. 290 u. 292.) Sie vermittelten vielleicht zwischen ihm und dem Kaiser; Gardolf war ja vorher und unmittelbar nachher am Hofe. Ende Januar ist Konrad ausgesöhnt (St. 4845).

Vierte Beilage.
Die Belehnung Richards mit England.

Gegen Lohmeyer 51 und Cohn (Gött. gel. Anz. 1858. S. 2036) hat Toeche 565 nachzuweisen versucht, dass Richard nicht zu Mainz im Febr. 1194, sondern zu Speier im März 1193 mit England belehnt worden sei. Seine Ansicht ist ohne weitere Prüfung von Schwartz 26 angenommen worden. Toeche stützte sich dabei

1) auf den Brief des Kaisers an den Klerus von Canterbury (St. n. 4803), worin Heinrich die Wahl eines ihm ergebenen Erzbischofs fordert. Allein dieser Brief wird von Toeche 270 und Stumpf irrig in den März 1193 gesetzt. Savary heisst darin Archidiakon, während er am 19. Sept. 1192 zu Rom als Bischof von Bath geweiht worden ist. (Rad. de Dic. II, 105). In allen Briefen des J. 1193 wird er dominus oder episcopus Bathoniensis genannt. (Rog. III, 197; epistolae Cartuarienses p. 364. 365).

Der inhaltlich mit dem Schreiben Heinrichs VI. übereinstimmende Brief Philipps von Frankreich (epp. Cantuar. p. 351) stellt sicher, dass der Herausgeber Stubbs mit Recht beide dem Herbst 1191 zugewiesen hat. Man kann daher unmöglich auf eine Oberlehnsherrlichkeit des Kaisers daraus schliessen.

2) auf den letzten Artikel des Vertrages von Worms (Rog. III, 216): praeterea ea omnia, quae tam in his quam in aliis familiaribus litteris sigillatis sigillis imperatoris et

regis, super contractibus qui inter eos ordinati sunt, uterque pro parte sua rata et firma habebit, et bona fide observabit.

Diese allgemeine Fassung kann jede oder vielmehr keine Behauptung begründen. Lohmeyer S. 43, 1 bezieht die Worte auf die Restitution des Kaisers von Cypern, Schwartz 48 auf Abmachungen in Betreff der Wahl von Canterbury, Toeche selbst an andrer Stelle (S. 284) auf ein Bündnis Heinrichs mit Richard.

Das Hauptgewicht legt Toeche darauf, dass

3) Roger von Hoveden die Belehnung „gleich nach dem Speierer Reichstage" erzählt. Die Stelle ist jedoch von Rogers eigner Hand später zugefügt worden. (ed Stubbs. III, 202; ed Liebermann M. G. SS. XXVII, 135, 160). Da sie von Heinrichs VI. Tode spricht, ist sie nicht vor 1198 eingeschoben. Ohne jede Verknüpfung, nicht einmal unmittelbar hinter dem Speierer Reichstag, sondern hinter dem Briefe Coelestins III. vom 11. Januar 1193 eingereiht, kann sie nicht als ausschlaggebendes Moment für die Zeitbestimmung verwendet werden.

Bedenken gegen eine Belehnung zu Speier, Ostern 1193, erheben sich daraus, dass weder die Aebte, die von dort nach England zurückkehren, sie berichten (Rog. III, 205), noch vor allem Richard und Heinrich selbst in den Briefen vom 19. April ihr Lehnsverhältnis anzeigen. Richard ist des Kaisers Freund und Verbündeter; Heinrichs Worte: et quia corde et animo uniti sumus, facta regis vestri, specialiter nostri et imperii nostri penitus reputabimus (Rog. III, 211) drücken den noch unerfüllten Anspruch auf die Oberherrlichkeit aus.

Auch ist unbegreiflich, wie Eleonore, auf deren ausdrücklichen Rat Richard in die Belehnung willigte, so früh und so genau über die Pläne des Kaisers unterrichtet sein konnte. Die ersten Boten, die aus England zur Aufsuchung Richards ausgeschickt wurden, trafen ihn erst unmittelbar vor dem Speierer Tage (Rog. III, 198). Zu Mainz aber war Eleonore im Februar 1194 selbst anwesend (Rog. III, 231).

Dorthin, als an das Ende der Gefangenschaft, weisen die Belehnung übereinstimmend die Quellenzeugnisse:

Ann. Casin. (SS. XIX, 316): rex Angliae ... in Teutonia captus imperatori datur; quem post modicum liberatum et secum retentum imperator recepta ab eo fidelitate coronat et regnum eius auget.

Ann. Reineri (SS. XVI, 651): Heinricus .. accepta infinita summa pecuniae et hominio eius, Richardum quem captivum tenebat, absolutum permisit abire.

Gesta episcoporum Halberstad. (SS. XXIII, 110): rex ducentis milibus marcarum a captivitate imperatoris se exemit, et pariter legium ipsi faciens hominium, coronam regni sui ab ipso recepit.

Ann. Marbac. (SS. XVII, 165): quo in captivitate detento per annum et amplius, dum libertatem in patriam redeundi obtinuisset per pecuniam, scilicet 150 000 marc., ipse liber et absolutus absque omni coactione homo factus est imperii Romani, tota terra sua Anglia et aliis terris propriis imperatori datis et ab eo in beneficio receptis.

(Die Ann. Spir. (SS. XVII, 83) führe ich nicht an. Sie sind eine Kompilation des XIII. Jhdts. die hier wahrscheinlich die Ann. Marbac. oder deren Vorlage benutzt hat.)

Die englischen Quellen berichten überhaupt nichts von einer Belehnung, die man in England als schimpflich empfand und die wohl der Grund der neuen Krönung Richards wurde. Auch Roger verschwieg sie und schaltete sie erst später ein, als Heinrich VI. in seinem Testamente selbst auf ihre rechtlichen Wirkungen verzichtet hatte. Allein man wird nicht fehlgehen, wenn man Rad. de. Dic. II, 113 auf die Belehnung bezieht. Es heisst dort:

Pactiones initae sunt plures inter imperatorem et regem, ad persolvendam non spectantes pecuniam, sed ad statum regis intervertendum: inter quas quicquid insertum est ab initio vitiosum, quicquid..... licet ex parte regis et suorum fidelium ad hoc observandum fuerit iusiurandum adauctum, emissa licet patentia scripta..... quia tamen contra ius elicita, robur firmitatis obtinere non debent in posterum. Auch die Stellung dieser Worte in der Erzählung Radulfs würde die Belehnung dem Ende der Gefangenschaft zuweisen.

Völlig entscheidend für eine Belehnung zu Mainz im Februar 1194 kommt zu diesem allen hinzu die Toeche noch unbekannte Nachricht des Additamentum ann. Salisburg. in einem Münchener Codex (SS. XIII, 240). Zwar mit Fabeln vermischt, enthält es höchst wertvolle Nachrichten über Richard Löwenherz. An dieser Stelle stimmt seine Erzählung, wo sie durch andere Berichte zu kontrolieren ist, so genau mit ihnen, dass sie unbedingt als eine Quelle ersten Ranges für den Mainzer Reichstag angesehen werden darf. Sie lautet:

Regina Anglie cum Rothomagensi archiepiscopo, cum multis proceribus, baronibus et terre sue nobilibus ad imperatorem venit, liberare cupiens filium, quem unice diligebat. Verum post multa consilia cum imperatore habita, dedit imperatori 100 milia et 10 milia marcarum et meruit absolvi. Et quia, cum captus teneretur, rex Frantie terram eius invaserat et Gysorcium et decem alia regalia castella eius occupaverat, rogavit imperatori, ne regi Frantie faceret auxilium, et ut super hoc cercior redderetur, terram propriam, quam paternis viribus expugnatam in proprietate tenebat, imperatori tradidit et a manu imperatoris sceptro investitus suscepit. Iuravitque fidelitatem Romano imperatori et Romano imperio, et privilegio exinde facto propria manu subscripsit. Tantam itaque devocionem regis intuens imperator, sceptrum regium, quod in manu sua tenebat, regi contulit, ut hoc insigni dono in posterum uteretur. Mandavitque principibus, ut favorem et amorem in posterum ei exhiberent et eum in suis necessitatibus adiuvarent.

Acta sunt hec apud Maguntiam. Sic letus per Coloniam cum maximo tripudio revertitur in Angliam.

Dieser Bericht wird ergänzt durch Rog. de Hov. III, 231:

Interim Henricus Romanorum imperator, cum magnatibus imperii sui, et Ricardus rex Angliae, cum Alienor regina matre sua et Waltero Rothomagensi archiepiscopo, et Wilhelmo Eliensi episcopo cancellario suo, et Savarico Batoniensi episcopo, convenerunt apud Maguntum in Purificatione beate Marie; et celebrato ibi concilio de liberatione regis Anglie, imperator voluit a pacto resilire, propter cupiditatem pecunie quam rex Francie et comes

Johannes ei obtulerant. Et adducens secum nuncios regis Francie et nuncios comitis Johannis .... tradidit regi Anglie litteras regis Francie et comitis Johannis legendas, quas ipsi miserant contra liberationem illius. Quibus visis et lectis, rex plurimum turbatus est et confusus, desperans de liberatione sua. Convenit super hoc Maguntinum, et Coloniensem, ... et ceteros magnates imperii, qui constituti fuerant ex parte imperatoris fideiussores inter illum et regem Anglie super pactis inter illos contractis.

Qui audacter introierunt ad imperatorem, et plurimum increpaverunt eum de cupiditate sua, qui ita impudenter a pacto suo resilire volebat; et effecerunt adversus eum, quod ipse liberum et quietum dimisit regem Anglie a captione sua .....

Et Maguntinus et Coloniensis archiepiscopi tradiderunt eum in manu Alienor matris suae liberum et quietum exparte imperatoris pridie Nonas februarii.

Ueber die Belehnung berichtet Roger III, 202: Ricardus rex Anglie in captione Henrici Romanorum imperatoris detentus, ut captionem illam evaderet, consilio Alienor matris suae, deposuit se de regno Angliae, et tradidit illud imperatori sicut universorum domino et investivit eum inde per pilleum suum: sed imperator, sicut praelocutum fuit, statim reddidit ei, in conspectu magnatum Alamanniae et Angliae, regnum Angliae praedictum, tenendum de ipso pro quinque milibus librarum sterlingorum singulis annis de tributo solvendis; et investivit eum inde imperator per duplicem crucem de auro. Sed idem imperator in morte sua, de omnibus his et aliis conventionibus, quietum clamavit ipsum Ricardum, regem Angliae, et heredes suos.

Erzbischof Walter von Rouen schrieb über die Freilassung des Königs nach England (Rad. de Dic. II, 112):

Postquam ad dominum nostrum regem accessimus, nemini scripsimus in Anglia nec aliqua usque ad crastinum S. Blasii audivimus, quae essent digna relatu et vobis scribere deberemus. Eo vero die misericors Dominus populum suum apud Maguntiam in liberatione domini regis visitavit. — Nobis enim domino regi eadem die usque ad horam nonam assistentibus. Maguntinus et Coloniensis archiepiscopi inter dominum imperatorem et dominum regem et ducem Austrie pro liberatione regia verba proferentibus, post multas anxietates et labores, idem archiepiscopi qui studio maximo ad liberationem regiam operam adhibuerant, coram domina regina et nobis, et Bathoniensi, et Elyensi, et Sanctoniensi episcopis, et multis aliis magnatibus ad regem accesserunt, ei breve verbum et iocundum proferentes.

Aus allen diesen Berichten ergeben sich die Vorgänge auf dem Reichstage zu Mainz im Februar 1194, auf welchem Richard von Kaiser Heinrich VI. mit England belehnt wurde.